MICHOACAN

DAY OF THE DEAD
A Passion for Life

DÍA DE LOS MUERTOS
Pasión por la Vida

TEXT AND PHOTOS BY ■ TEXTO Y FOTOS POR
MARY J. ANDRADE

LA OFERTA PUBLISHING COMPANY

Agradecimientos

Mis sinceros agradecimientos a todas y cada una de las personas que generosamente compartieron sus conocimientos y la intimidad de sus hogares durante esta celebración.

A los representantes de la Secretaría de Turismo de Michoacán: Dr. Genovevo Figueroa, Lic. Araceli López, Lic. Juan Bosco Castro y Prof. Silvia Huanosto doy mi profundo reconocimiento por el apoyo que me brindaron para realizar este trabajo.

Igualmente, a la antropóloga Aída Castilleja, al Dr. Arturo Oliveros Morales y al Prof. Blas Ramírez Vidales, por toda la información que me dieron sobre Día de los Muertos o Jimbankua en Michoacán.

A Sharon McElhone por el tiempo que dedicó para revisar conmigo la traducción del texto al inglés.

A mi esposo, Franklin Andrade, quien me ha dado su apoyo en todos los aspectos; así como aquellos amigos que me han acompañado por los caminos de México y a los que han colaborado de muchas maneras en la publicación de este libro, muchas gracias.

Día de los Muertos Pasión por la Vida, Mary J. Andrade
© 2006

http://www.dayofthedead.com
http://www.diademuertos.com

Publicado por La Oferta Publishing Company
1376 N. Fourth St., San José, CA 95112
(408) 436-7850
http://www.laoferta.com

Mapa: Secretaría de Turismo de Michoacán.

Diseño y producción: Laser Com Design,
San Francisco (415) 252-3341

Impresión: Gachet Printing, Santa Rosa,
California

Primera Edición 2007

Biblioteca del Congreso, Número de Control:
2006939418
ISBN # 978-0-9791624-0-4

4

La Calaca™
Mitotera

Acknowledgment

My sincere gratitude to everyone who generously shared their knowledge and welcomed me into their homes during this celebration.

To the representatives of the Secretary of Tourism of Michoacan: Dr. Genovevo Figueroa, Lic. Araceli Lopez, Lic. Juan Bosco Castro and Prof. Silvia Huanosto, my gratitude for their support in making this work possible.

I also would like to thank Anthropologist Aida Castilleja, Dr. Arturo Olivero Morales and Prof. Blas Ramirez Vidales for all the information they gave me about Day of the Dead or Jimbankua in Michoacan.

To Sharon McElhone for the many hours she dedicated to editing the English part of this book.

To my husband, Franklin Andrade, who has supported me in all my endeavors, and to the people who in many ways have collaborated to make the publication of this book possible, thank you very much.

Day of the Dead A Passion for Life,
Mary J. Andrade
© 2006

http://www.dayofthedead.com
http://www.diademuertos.com

5

Published by La Oferta Publishing Company
1376 N. Fourth St., San Jose, CA 95112
(408) 436-7850
http://www.laoferta.com
Map: Secretary of Tourism of Michoacan.

Design and Production: Laser Com Design,
San Francisco (415) 252-3341

Printed by Gachet Printing, Santa Rosa,
California

First Edition 2007

Library of Congress Control Number:
2006939418
ISBN # 978-0-9791624-0-4

Publisher's Cataloging-in-Publication
(Provided by Quality Books, Inc.)

Andrade, Mary J.
  Day of the dead : a passion for life / text and photos by Mary J. Andrade = Dia de los muertos : pasion por la vida / texto y fotos by Mary J. Andrade.

  p. cm.
  English and Spanish.
  Includes index.
  LCCN 2006939418
  ISBN-13: 978-0-9791624-0-4
  ISBN-10: 0-9791624-0-8

  1. All Souls' Day–Mexico–Michoacan de Ocampo. 3. Tarasco Indians–Social life and customs. 3. Tarasco Indians–Religious life and customs. 4. Michoacan de Ocampo (Mexico)--Social life and customs. 5. Michoacan de Ocampo (Mexico)–Religious life and customs. I. Title. II. Title: Dia de los muertos : pasion por la vida.

GT4995.A4A53 2007   94.266'097273
                                      QBI06-600713

Day of the Dead ❧ A Passion for Life

ÍNDICE

6

CONTENTS

7

Día de los Muertos ❀ Pasión por la Vida

MICHOACÁN

Día de los Muertos ❀ Pasión por la Vida

Introducción

Las civilizaciones que habitaron antiguamente el territorio de lo que hoy es México, no eran muy diferentes de las egipcias en el culto a sus antepasados. Sin embargo, el culto a los muertos de las civilizaciones antiguas de México se distingue por su mezcla de creencias religiosas y consejas populares. Al momento de la conquista española, ese culto estaba tan formidablemente arraigado en la mente y el corazón del mexicano de entonces, que a pesar de cinco siglos de intromisión de la cultura occidental, sigue tan vivo y vigente en el mexicano de hoy, como en sus mejores tiempos.

Según la creencia de la civilización mexicana antigua, cuando el individuo muere su espíritu continúa viviendo en el *Mictlán*, lugar de residencia de las almas que han dejado la vida terrenal. Dioses benevolentes crearon este recinto ideal que nada tiene de tenebroso y es más bien tranquilo y agradable. Allí las almas reposan plácidamente hasta el día designado por la costumbre, en que retornan a sus antiguos hogares para visitar a sus parientes. Aunque durante esa visita no se ven entre sí, mutuamente ellos se sienten.

El calendario ritual prehispánico señala dos ocasiones para la llegada de los muertos. Cada una de ellas era una fiesta de alegría y evocación. Llanto o dolor no existían, pues no era ni es motivo de tristeza la visita cordial de los difuntos. Con la llegada de los españoles, las dos fiestas prehispánicas se tornaron en una sola, haciéndola coincidir con la conmemoración cristiana de los Fieles Difuntos. Esta fusión no disminuyó la tradicional alegría ni introdujo ningún elemento religioso formal. La fiesta actual que se celebra a los muertos es tan grande como la celebración de la Virgen Guadalupana y, quizás, la más importante del año.

Los miles de emigrados que laboran en los Estados Unidos, retornan en forma devocional a sus pueblos de origen con ocasión de esta festividad, contribuyendo así a la grandiosidad de ella. La tecnología moderna también tiene lugar aquí gracias a la presencia de luces eléctricas navideñas y artefactos plásticos, agregando así un trocito más a este ya complicado mosaico festivo.

Introduction

The civilizations that settled in today's Mexican territory were not much different from the Egyptians when it came to honoring the memory of their ancestors and preparing them for the afterlife. When Spaniards conquered the country, indigenous customs were so deeply rooted that after five centuries of colonization, they still continue to survive and remain as current as in their first days of conception.

Indigenous people believed that souls did not die, that they continued living in *Mictlan*, the final resting place. Benevolent gods created this world, a place that was dark but not necessarily somber. Spirits could rest placidly and wait, not for judgment, but for something more peaceful. It was an ideal place to stay until the day they could return to their old earthly homes and visit living relatives. Although relatives cannot see the souls, they believe they can feel them when they return.

The pre-Hispanic calendar marked two occasions for the arrival of the souls. Each occasion was celebrated with a unique feast and evocation, and sorrow was considered discourteous to the visiting souls. With the arrival of the Spaniards, two pre-Hispanic celebrations honoring the souls of the children and of the adults turned into one, merging with the Christian celebration of All Souls' Day. The celebration of Day of the Dead from pre-Hispanic to Colonial to present day is as big as the Virgin of Guadalupe feast and, perhaps, the year's most important.

La exagerada hospitalidad de los mexicanos es proverbial. Ésta se manifiesta a la menor provocación, aún más si los visitantes son sus parientes ya fallecidos. Hay que deleitarlos y dejarlos satisfechos con todo aquello que es de su mayor agrado y asombro: la comida.

Desde remotas épocas hasta la actualidad, el "banquete mortuorio", resplandece en todas las moradas nacionales, desde los humildes jacales o casas rústicas, hasta los palacios y mansiones. La comida ritual se efectúa en un ambiente regiamente aderezado en el que vivos y muertos se hacen compañía. Cada pueblo y región ofrece variados diseños e ideas para este evento, pero todos con la misma finalidad: recibir y alimentar a los invitados, y convivir (o tal vez "conmorir"), con ellos.

Se dice que los muertos salen del *Mictlán* y se derraman por sierras, llanuras y desiertos hasta encontrar el camino que les ha de llevar a los lugares donde vivieron anteriormente. En este viaje de retorno temporal, no encuentran los obstáculos terribles que hallaron cuando iban por primera vez al *Mictlán*. Como en una feliz vacación, su travesía es alegre y placentera. Los parientes vivos les dan la bienvenida regando flores olorosas y llamativas a la entrada de sus moradas donde les espera un banquete.

La mesa ya está puesta. Con mucha anticipación se ha completado todo lo requerido para esta celebración. Los tianguis mexicanos rebosan de mercancía y están llenos de colorido según es la costumbre. Las flores—amarillas, blancas, rojas y moradas—, no se compran por manojos sino

 12

Thousands of Mexicans who have emigrated and work in the United States return to their homeland for the festivity each year. Although the influence of technology is evident — Christmas lights and plastic items can now be seen — it does not diminish the value of the tradition. Instead it adds another element to an already complicated mosaic.

Mexican hospitality has always been proverbial. It is expressed even more emphatically when the souls of the deceased visit. Hosts really try to please and delight and give souls what is thought to make them happy — food. The mortuary banquet brightens every Mexican home from rustic jacales (adobe houses), to palaces and to mansions. The ritual meal has to be appealing and abundant for the living and the dead to enjoy together. Each town and region boasts their own expressions and ideas, but the purpose of Day of the Dead is the same — to welcome relative's souls as guests, feed them, and spend time with them.

It is believed that souls exit *Mictlan* once a year and disperse throughout the sierras, plains, and deserts looking for the road home. Instinct guides them. On the journey home, they do not encounter the terrible obstacles they encountered going to *Mictlan*. On the contrary, their journey back home is believed to be a pleasant one, as if the souls were on vacation. Living relatives welcome them after spreading aromatic and colorful flowers for the souls to follow. The scent is thought to guide them to the place where the banquet awaits.

por gruesas, pues centenares de ellas se usan en cada banquete. Ceras o candelas de distintos tamaños y calidades iluminan este trascendental suceso. Braseros quemando el incienso del país, llamado copal, esparcen gratísimo aroma en el ambiente. Los candelabros son de barro policromado, algunos en forma de angelitos o de santos patronos.

El pan está preparado en caprichosos diseños y tienen nombres llamativos; algunos tienen figura humana semejante a la del invitado de honor para así agradecer aún más su visita. Los guisos se preparan con complicadas mezclas y amorosos cuidados. Las frutas son todas frescas y fragantes. La mesa está como nunca, alegre y exquisitamente adornada con manteles, flores, hojas de pino y bejucos. Así, los visitantes difuntos (y por supuesto los vivos), disfrutan de un banquete único por su sabor, olor, color y amor.

Ese México de costumbres mestizas y resabios prehispánicos—siempre vigentes en el pensamiento de sus habitantes—, ese México que se goza en ofrendar a sus muertos, ha sido captado en forma y en espíritu por la lente de Mary J. Andrade. Su peregrinaje por los pueblos del Altiplano o del Occidente de la República Mexicana, ha rendido frutos jugosos. Sus comentarios de los altares de muertos, complementados con excelentes fotografías, son un digno homenaje a la cultura funeraria mexicana. Es quizás su espíritu latino que la mueve a explorar el misterio de esta vida y la otra en territorio mexicano. Ese misterio de donde surge esta fiesta tradicional que dura desde fines de octubre hasta los primeros días de noviembre. Varios años de recorridos e

The table is already set when the souls arrive. All the necessary goods have been bought at the market, and there is a lot of anticipation. The Mexican *tianguis* (market place) is full of colorful merchandise, and many items for the celebration of Day of the Dead are bought there. Yellow, white, red, and purple flowers are purchased by the bunches since many dozens are needed for each banquet. A variety of wax candles are also obtained — there should be no darkness during an event of transcendence. Special burners are also needed to burn copal, a locally produced incense. Angels or saints sitting in sculptured, polychromatic, clay candle holders are also important parts of the scene.

Bread prepared for this celebration is made in whimsical designs. Pieces are usually related to the deceased's image or profession; this is so the soul finds them familiar. They are also a gift of gratitude. The table is vivaciously decorated with fine tableclothes, flowers, pine leaves, and other items. In this manner the deceased, as well as the living enjoy a banquet unique in scents, colors, flavors, and love.

Mexico is a country with a mixed culture of pre-Hispanic and Hispanic heritages and finds satisfaction in honoring the dead. This tradition is superbly captured through the lens and spirit of Mary J. Andrade. Her many trips to the highlands and to the western villages have been fruitful. Her commentary on the altars of the dead accompanied with exquisite photographs are a tribute

investigaciones la han hecho una verdadera conocedora de lo nuestro. Me atrevería a afirmar que pocos mexicanos saben tanto como Mary J. Andrade en lo que se refiere al Día de los Muertos.

Este libro que Mary J. Andrade ha elaborado es una rica fuente de información para la historia de la cultura, no solamente nacional mexicana, sino del Continente. Este libro es particularmente valioso para los mexicanos y sus descendientes que viven en el ámbito de otras costumbres y tradiciones. En esta publicación ellos encontrarán algo para enorgullecerse y presumir a los demás, y (¿por qué no?), para estimularlos a dar una "vueltecita", por la tierra de sus antecesores cuando éstos tienen a bien venir a visitarnos.

Con el libro de Mary J. Andrade, la "comida mortuoria" u "ofrenda", se vuelve un regio banquete de imágenes y vivencias. Su aporte es una crónica muy completa que dejará a la posteridad el testimonio de una auténtica amiga de México.

Eduardo Merlo Juárez,
Arqueólogo mexicano

14

to the Mexican culture and its funeral rites. Perhaps her Latin soul moves her to explore the mystery of this life and the world beyond. From that mystery is where this traditional celebration takes place during the last days of October and first days of November honoring the souls. Many years of research have made her an authentic and knowledgeable scholar and very few Mexicans have her expertise on the subject of Day of the Dead.

Mary J. Andrade's books have become a rich source of information for our cultural tradition. Her work is a complete chronicle for generations to come. This book is especially valuable for Mexican nationals and their descendants who now live in a country with different customs and traditions. In this publication, they will find something to be proud of and it will encourage them to take "a little trip" to the land of their ancestors. She is a genuine friend of Mexico.

With Mary Andrade's book the food of the dead becomes a regal banquet of images and memories. Her chronicled work will leave a legacy from a genuine friend of Mexico.

Eduardo Merlo Juarez,
Mexican Archaeologist

15

N

México

16

Michoacán

OCEÁNO PACÍFICO
PACIFIC OCEAN

Michoa

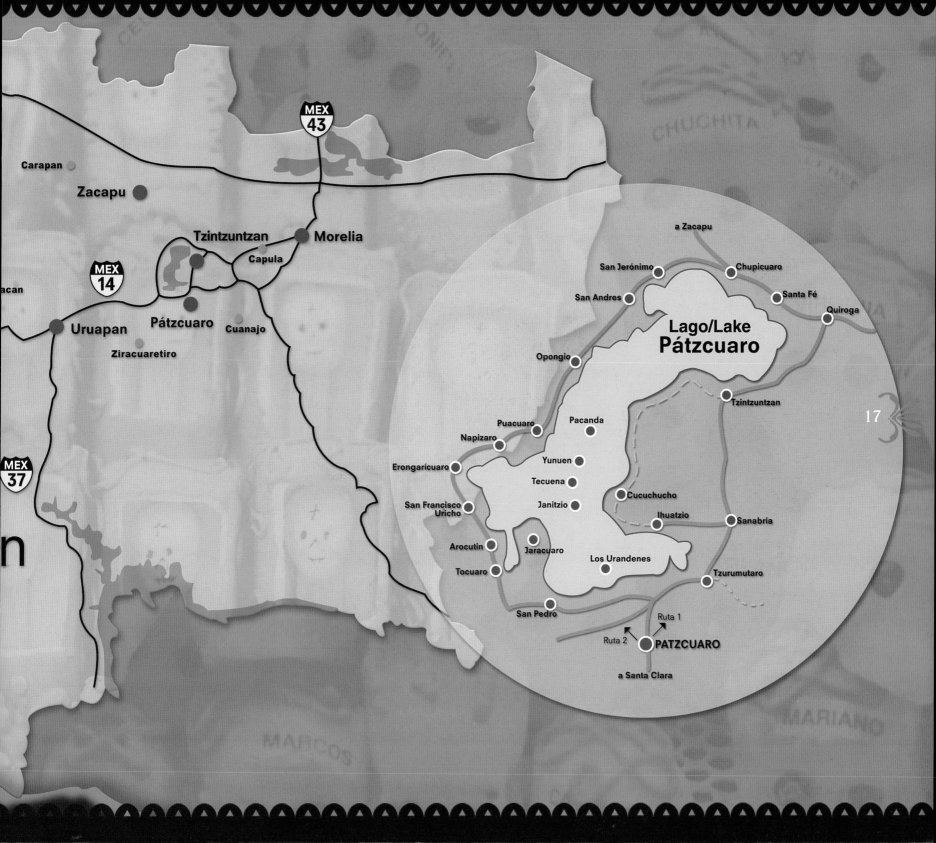

MEX 43

Carapan

Zacapu

MEX 14

Tzintzuntzan

Morelia

Capula

Pátzcuaro

Cuanajo

Uruapan

Ziracuaretiro

MEX 37

a Zacapu

San Jerónimo

Chupicuaro

San Andres

Santa Fé

Quiroga

Lago/Lake
Pátzcuaro

Opongio

Tzintzuntzan

17

Puacuaro

Pacanda

Napizaro

Yunuen

Erongarícuaro

Tecuena

Cucuchucho

San Francisco
Uricho

Janitzio

Ihuatzio

Sanabria

Arocutin

Jaracuaro

Los Urandenes

Tzurumutaro

Tocuaro

San Pedro

Ruta 1

Ruta 2

PATZCUARO

a Santa Clara

18

Presentación

"¿Qué es la Muerte? Es el vaso de la vida roto en mil pedazos y el alma dispersa como el perfume, que se escapa de un pomo,
en el silencio de la noche eterna". (Autor anónimo)

Para muchos, la muerte es algo indefinido, incierto. Para otros, es el comienzo de una nueva vida a la que se llega después de un largo trajinar por ésta, en la que se hacen méritos a través de trabajos arduos y sufrimientos diarios. Quien acepta esta forma de ver la vida, con la esperanza de una mejor, no le teme al momento de la transición, pues tiene la seguridad de que obtendrá reposo y felicidad en aquella del más allá. Por ello, Día de los Muertos en México no es una conmemoración luctuosa, sino una celebración alegre y llena de colorido por el reencuentro con las almas, donde la muerte adquiere caracteres vivos y deja de ser temible.

La creencia de que las almas regresan todos los años para recibir el homenaje de amor de sus familiares, para muchos de manera visible en forma de mariposas, para otros a través de la presencia intangible del espíritu, es el resultado de un legado de civilizaciones antiguas. La muerte es la transición de una vida a la otra donde existen diferentes niveles de comunicación.

En las grandes ciudades de México, los católicos asisten a misa en la mañana del dos de noviembre y luego concurren a los cementerios a cubrir de flores y oraciones las tumbas de sus seres queridos. En pueblos pequeños con un porcentaje elevado de población indígena, Día de los Muertos se celebra de manera diferente. Allí, la vida y la muerte se abrazan en un lazo de continuidad, sostenido durante siglos por las creencias de sus habitantes. Visitar cualquiera de estas poblaciones, en estas fechas, es profundizar en el misterio que celebra a la muerte como parte de la vida. Día de los Muertos entre los p'urhepechas en el estado de Michoacán es esencialmente una celebración que se realiza para honrar la vida. Después de vivir esta experiencia se regresa al hogar con un cambio muy grande en la percepción sobre el principio y el final de este largo camino, por el que todos transitamos.

Foreword

"What is death? It is the glass of life broken into a thousand pieces where the soul disperses like perfume from a flask into the silence of an eternal night." (Unknown author)

For many people death is something undefined, uncertain. For others, it is the beginning of a new life granted through the merits of a journey filled with daily hardships and hard work. Those who believe there is life after death usually do not fear the moment of the transition. Day of the Dead in Mexico is not a mournful commemoration but a happy and colorful celebration where death takes a lively, friendly expression, and is not at all frightening or strange.

The belief that the soul comes back every year to be honored by family, for some as butterflies and for others as invisible spirits, is a legacy brought down by ancient civilizations. Death is a transition from one life to another where different levels of communication exist.

In large cities in Mexico, Catholics attend mass on the morning of All Souls' Day and later go to the cemetery to place flowers on a grave or pray over a relative's tomb. In villages, however, with a large percentage of indigenous people, Day of the Dead is different. There, life and death embrace each other. To visit any one of these villages during Day of the Dead is to open a door to rituals that celebrate death as part of life. This celebration takes place every year among the P'urhepecha people in the State of Michoacan and is essentially about honoring life. After experiencing Day of the Dead one usually returns home changed.

I have traveled to Michoacan to learn about the various ways the P'urhepecha people celebrate Day of the Dead or *Jimbankua*.

He viajado a Michoacán para aprender sobre las formas como los p'urhepechas celebran Día de los Muertos o *Jimbankua*. Mi recorrido comenzó en 1987 y he regresado en varias ocasiones para convivir con las familias durante la confección de los altares en los hogares. He pasado con ellas durante el ritual en los cementerios, no sólo en las noches cuando honran la memoria de los adultos, sino también con los niños durante el ritual de La Velación de los Angelitos.

La variedad de platillos preparados en homenaje a los difuntos es una deliciosa expresión del sentimiento que mueve a los vivos para recibir las almas de sus seres queridos, ofreciéndoles lo que más les gustaba. Sentarse junto a las mujeres cuando mezclan los ingrediente para los tamales, escuchándolas conversar alegremente, en anticipación a la "fiesta de muerto nuevo" es aprender a ver el misterio de la muerte desde otra dimensión.

Las largas horas de la velación en el cementerio propicia el acercamiento y el diálogo. Existe una sola realidad: la convivencia de los vivos con los muertos. Deseosa de ser parte de la magia del momento, a través de los años, con el permiso de los familiares he encendido velas en diferentes tumbas evocando a los miembros de mi familia, cuyos restos descansan en otras partes del mundo. Gracias a la generosidad de los p'urhepechas el recuerdo de mis seres queridos se ha hecho más intenso al compartir con ellos el instante donde la vida y la muerte se funden en los recuerdos.

Pero no es sólo eso, allí aprendí a valorar muchas experiencias personales. Junto a Ofelia, en la isla de Pacanda, comprendí el valor de lo que miraba como detalles de mi vida diaria, que por repetidos pasan desapercibidos. Protegida del frío por su rebozo, Ofelia parecía flotar entre las velas encendidas. Envuelto en una manta de lana, uno de sus hijos la acompañaba durante la velación. Su figura y actitud emanaban dignidad. En voz baja conversó conmigo sobre la tradición de Día de los Muertos, sus obligaciones y responsabilidades de madre y esposa, cuestionando a su vez sobre las costumbres de otros lugares que sólo imagina. Ella no podía explicarse lo que significa

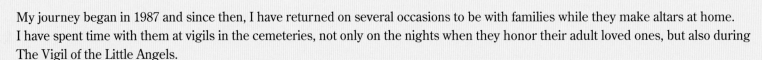

My journey began in 1987 and since then, I have returned on several occasions to be with families while they make altars at home. I have spent time with them at vigils in the cemeteries, not only on the nights when they honor their adult loved ones, but also during The Vigil of the Little Angels.

The variety of dishes prepared to honor the dead are delightful expressions of the living who offer only the best to their deceased loved ones as they prepare the dishes that they once enjoyed while alive. Sitting next to women as they mix the ingredients for tamales, listening to them talk happily in anticipation of the celebration, is to learn to see death from another dimension.

The long hours of vigils in the cemetery create closeness and dialogue. There is only one reality: the union of the living with the memory of a deceased. I felt eager to take part in the magic of this ritual with the permission of relatives. I have lit candles on different tombs. I have called upon my loved ones whose remains are resting in other parts of the world. Because of the generosity of the P'urhepecha people, I shared moments where life and death came together, and the memories of my beloved deceased were more intense.

There have been so many personal experiences. Next to Ofelia, from the island of Pacanda, I learned to value things in my daily life. Ofelia, a young mother who appears to be suspended among dozens of candles, had her child wrapped in a wool blanket. Her posture and attitude showed dignity. In a soft voice, she spoke of the traditions that are part of her life, her responsibilities as a mother and a housewife. She asked about traditions in other places that she can only imagine. She could not explain to herself what it means to get on a plane and go to a place far away. She expressed a desire to know what people "on the other side" thought about the

Day of the Dead ❀ A Passion for Life

22

subirse a un avión y trasladarse en pocas horas de un lugar a otro. Su deseo de saber lo que piensan las personas en los Estados Unidos sobre la forma de celebrar la tradición de Día de los Muertos fue su primera pregunta. Fui "entrevistada" por Ofelia aquella noche que vive en mi corazón, donde con los habitantes de la isla sentí la vida renacer la mañana del dos de noviembre.

Cada paso que he dado en los cementerios de Michoacán han renovado año a año el deseo de volver para vivir una y otra vez la celebración de Día de los Muertos. Si bien no contesta las preguntas que me hago ante el misterio de la muerte, me ayuda a aceptar y a vivir a plenitud la realidad de que el recuerdo y el amor son permanentes. Las noches de vigilia en los panteones me han permitido construir un puente de comunicación con mis seres queridos, dándome la seguridad de que la separación es temporal.

En este libro intento mostrar y compartir esas experiencias vividas en Michoacán durante la celebración de Día de los Muertos.

Mary J. Andrade, Autora

23

celebration of Day of the Dead. That night I was "interviewed" by Ofelia. It was a special night I hold dear in my heart. I've spent many hours with the villagers of the island in which I saw life reborn on the morning of November second.

Each step I took in the cemeteries of Michoacan renewed a desire to go back one more time to relive the profound experiences of Day of the Dead. Even though the experiences have not answered all the questions I have regarding the mystery of death, they have helped me to live a fuller life. The night vigils built a bridge of communication with my loved ones, and I now know that love has no barriers and that separation is only temporary.

In this book, I attempt to illustrate and share these vivid experiences found in Michoacan during the celebration of Day of the Dead.

Mary J. Andrade, Author

La Contemplación de la Muerte

Comida, aire, esencia
aromas del sabor en el esmero,
calor, humo, suspiro
vaho cubierto de rosa en fruto seco.

El rebozo, la vida, el gesto dulce,
la sonrisa en el vuelo de los ángeles,
y los encuentros condimentados en el gusto.

Qué bien sabe la muerte en casa
con la resignación y la buena comida
esperando que vengan a visitarnos.

Callados, traen a cuestas la sabiduría
y los misterios,
pero ya saben dónde está la casa limpia,
dónde la familia,
dónde el sentimiento y los recuerdos.

La ofrenda está completa:

Los *cempasúchitles* en cruz y de rodillas, las frutas,
los cirios, los candelabros, las fotos, el recuerdo más lindo,
el detalle más dulce, la compañía de los suyos, de los nuestros,
todo listo, el copal encendido, el olor a incienso,
ya han vuelto, ya vienen, están cansados:
pasarán unos días de visita,
un poco de charanda para el sueño,
brindemos con la muerte
por la vida.

Julie Sopetrán
(Poetisa española)

The Contemplation of Death

Food, air, essence
aromas of flavors in its great care
warmth, smoke, sigh
fumes of dried fruit filled with roses.

The shawl, the life, the sweet gesture,
the smile in the flight of the angels,
and the encounters spiced to please the palate.

How flavorful death tastes at home
with resignation and good food
waiting for them to come visit us.

Quietly they come, carrying on their shoulders their wisdom
and the mystery,
but they already know where the clean home is
where the family
where the feelings and memories are.

The offering is complete:

The *cempasuchitles* in a cross and kneeling are the fruits,
the candles, the candle holders, the pictures and
the most beautiful memories,
the kindest gesture, the company of the dead, of our own,
everything ready, the lit copal, the scent of incense,
they have returned, they are coming, they are tired:
they will spend a few days visiting,
a bit of sugar liquor for the sleep,
let's toast with death
to life.

Julie Sopetran
(Spanish poet)

25

27

Día de los Muertos   Pasión por la Vida

Michoacán

Antes de la ocupación española, las tierras michoacanas estuvieron habitadas por un importante grupo étnico y lingüístico: los p'urhepechas, que en lengua mexica eran llamados 'michoaques' y la tierra por ellos habitada Michoacán, palabra que se traduce como 'lugar donde abunda el pescado'. Los cronistas de los primeros tiempos coloniales se refieren a los michoaques como 'tarascos', pero los actuales pobladores de las regiones donde se asentaron los antiguos habitantes del estado se autodenominan como p'urhepechas.

A la llegada de los españoles, los michoacanos se sometieron pacíficamente, por lo que la conquista en Michoacán fue fundamentalmente espiritual. Sin embargo, con el establecimiento de la Primera Audiencia, Nuño de Guzmán, su presidente, emprendió contra los p'urhepechas una guerra cruel, con lo cual se despoblaron los populosos pueblos habitados. La pacificación fue lograda por los evangelizadores franciscanos y por Vasco de Quiroga, quien arribó al estado en 1533, y más tarde, ya como Obispo— el primero que tuvo la entidad— emprendió a fondo la conquista de la región y combatió los abusos de los encomenderos españoles.

De esta conquista espiritual resultó un rico sincretismo religioso, siendo una de sus muestras la conmemoración de Muertos, que en nuestros días se efectúa en algunos lugares de la región lacustre como Janitzio, Ihuatzio, Tzintzuntzan, Cucuchucho, Zirahuén, así como en algunas comunidades de la Meseta P'urhepecha, de la Cañada de los Once Pueblos y de la Ciénega.

❀ La Dualidad Vida-Muerte en la Concepción Prehispánica

Los pueblos prehispánicos concibieron al universo como un concierto de contrarios, un mundo de dualidades. Dentro de esta concepción, el binomio vida-muerte era considerado como dos aspectos de una misma realidad, una a consecuencia de la otra, parte de

Michoacan

Prior to the Spanish occupation, the land of Michoacan, which means "place abundant in fish," was inhabited by an important ethnic and linguist group, the P'urhepecha. In the Mexica language, they were first referred to as the "Michoaques." Later chroniclers of the early Colonial period referred to the Michoaques as the Tarascos. The descendents of these people today call themselves the P'urhepechas.

Upon the arrival of the Spanish, the P'urhepechas surrendered peacefully. Nevertheless, with the establishment of the First Court, its president Nuno de Guzman initiated a cruel war against the P'urhepechas, depopulating entire villages. Pacification was achieved through the Franciscan evangelists and through Vasco de Quiroga, who arrived to Michoacan in 1533. Later, as a bishop, he initiated the spiritual conquest of the region, while fighting against the abuses committed by the Spanish landowners.

As a result of this spiritual conquest there came to be a blending of religious beliefs, and one example of this is Day of the Dead, which is celebrated today in such places as Janitzio, Ihuatzio, Tzintzuntzan, Cucuchucho, Zirahuen, the P'urhepecha Plateau, the Canada of the Eleven Towns and the Cienega.

❀ The pre-Hispanic Concept of the Duality of Life and Death

Pre-Hispanic people believed the universe was a concept of contradiction, a world of dualities. A life and death binomial was considered to be aspects of the same reality, a consequence of the other, part of the same process of creation and destruction that

Día de los Muertos ❧ Pasión por la Vida

un mismo proceso de relación - destrucción que había dado origen al universo y a la humanidad. Lo que determinaba el lugar donde se iba después de morir dependía, no de la manera de vivir, sino de la forma de morir.

El mundo mesoamericano estaba dividido en tres planos que constituían una unidad en la que ninguna de las partes podía prevalecer sobre las otras: la parte superior o cielo, el plano medio o mundo de los hombres y la parte inferior o inframundo, reino de la oscuridad y de la muerte.

Los p'urhepechas compartieron esta misma concepción. Su universo, también tripartita, era designado como: el *Auándaro* o cielo, habitado por los dioses celestes o engendradores. El segundo era *Echerrendo* o la tierra donde habitaban los dioses terrestres, dioses que habían descendido para convivir con los hombres, los cuales se hacían presente en el fuego del hogar o en espíritus que moraban en los animales del monte, en el aire, en el agua de los lagos y ríos y en las grandes rocas. El último *Cumiechúcuaro* o región inferior, lo profundo de la tierra, morada de los dioses que gobernaban el mundo de la muerte. Pátzcuaro fue también considerado como la "Puerta del Cielo", lugar por donde acudían y subían los dioses.

✺ La Época Colonial y la Nueva Concepción

La tradición religiosa mesoamericana sufrió transformaciones culturales con la conquista y evangelización. Alfredo López Austin le llamó " el nacimiento de religiones indígenas coloniales" ya que los naturales mezclaron sus costumbres y creencias con las cristianas implantadas en el Nuevo Mundo por los conquistadores.

Con la llegada de los españoles, cuya conquista se fundamentó en la evangelización, los religiosos buscaron de inmediato la destrucción de las antiguas creencias y sus prácticas, consideradas "idolátricas". Así, las deidades de la muerte fueron destruidas, no así el culto a los muertos que conjuntó los conceptos y prácticas que ambas culturas tenían. Costumbres y ritos católicos funerarios en el momento

32

gave birth to the universe and humanity. The location to which a person went after death was determined not by the way in which one lived but rather by the manner in which one died.

The Meso-American world was divided into three planes which made up a whole, and none of the parts prevailed over the others: the highest part or the sky, the middle plane or the world of people, and the lowest part or the underworld, the kingdom of darkness and death. The P'urhepechas shared this concept. Their universe was also made up of three parts: *Auandaro* or Heaven, inhabited by celestial gods; *Echerrendo* or Earth, inhabited by terrestrial gods, gods who descended to live among humans and dwelled in mountain animals, in the air, in the water of lakes and rivers, and also in large rocks; and *Cumiechucuaro* or the underworld, inhabited by the gods who governed the World of Death. Moreover, Patzcuaro was considered to be a "door to the sky," a place through which the gods ascended and descended.

✺ The Colonial Period and the New Conception

Meso-American religious traditions suffered cultural transformations as a result of the conquest and subsequent evangelization. Alfredo Lopez Austin called it the "birthing of indigenous Colonial religions" as the indigenous blended their customs and beliefs with the Christian ones sown in the New World by the conquerors.

The newly arrived Spanish priests, who fundamentally emphasized evangelical conquest, immediately attempted to destroy all the ancient beliefs and practices which were considered to be based on idolatry. Therefore, the gods of death were destroyed. But not

Day of the Dead   A Passion for Life

Día de los Muertos ✿ Pasión por la Vida

de la muerte y horas anuales a los difuntos fueron fácilmente aceptados por los pueblos precolombinos ya que, en cierta manera, coincidían con los antiguos hábitos.

El ritual católico para celebrar a los muertos consistía en la celebración de misas, sufragios, oraciones de diversos tipos, responsos, limosnas y oblaciones, por ser las plegarias las formas activas que tenían los vivos para ayudar a los muertos. Por otra parte, las ideas cristianas del cielo y el infierno, la resurrección del cuerpo y la inmortalidad del alma, penetraron en el mundo indígena más que con las prédicas, a través del arte. El teatro, la escultura, la pintura y la música fueron los medios más eficaces de que se valieron los evangelizadores para cumplir su misión. Así se encuentra en la decoración de capillas y templos de las comunidades indígenas muestras iconográficas que aluden a estos temas. Uno muy representado en los primeros tiempos de la Colonia fue el Infierno y sus abrazadoras llamas que consumen a las almas pecadoras; el fin: enseñar el temor a Dios y salvar las almas de cometer pecados capitales.

Así, las costumbres indígenas se entrelazaron con las influencias del Viejo Mundo para formar una tradición mexicana conocida como Día de los Muertos. De los rituales practicados con este motivo, el más difundido, sin duda, fue y ha sido hasta la presente, la puesta del altar y la visita a los cementerios.

La información en las páginas 29, 32 y 35 es una reproducción parcial del folleto "Noche de Muertos" impreso por la Secretaría de Turismo de Michoacán.

Day of the Dead that joined concepts and practices that both cultures revered. Catholic funerary rites and customs, as well as the annual homage paid to the dead, were accepted, since, in a sense, these coincided with the ancient customs. It is believed that the Church established the commemoration to the dead on November second because the Benedictine Saint Odilon fixed upon the date based on a vision. It was later approved and implemented by the Pontiffs.

The Catholic ritual to celebrate the dead has consisted, ever since the times of Saint Odilon, of a celebration with masses, suffrages, prayers of various types, responsories to the dead, alms, and Holy Communion. But through art more than sermons, the Christian concepts of Heaven and Hell, the resurrection of the body and immortality of the soul penetrated the indigenous world. Theater, sculptures, paintings and music were effective mediums used by the evangelicals to indoctrinate the natives. One of the major concepts in those early days was Hell with its flames embracing and devouring sinners. The idea was to teach a fear of God and deter people from committing major sins.

Indigenous customs were interwoven with those of the Old World to form the Mexican tradition known as Day of the Dead. The most wide spread rituals of this celebration continue to be the making of the altar and the visit to the cemetery.

The information on pages 29, 32 and 35 comes from a booklet titled "Night of the Dead" printed by the Office of Tourism of the State of Michoacan.

Deseo

En tu cara de azúcar todo es bello
porque miro a la muerte, estoy contenta;
al contemplarte, la emoción me alienta
si veo entre tus ojos mi destello.

Es la vida que juega con aquello
que perece en la luz que experimenta;
con la mirada sueño que eres menta
y ya empiezo a comerte por el cuello...

Se me endulza la lengua si te miro
calaverita al gusto de sabores,
me da pena romperte, si reluces,
los azúcares brillan mi suspiro,
lentejuelas de nieve en resplandores:
la muerte es el color que me seduce.

Julie Sopetrán
(Poetisa española)

Desire

In your sweet face everything is beautiful
because I look at death, I'm happy;
when I contemplate you, emotions give me strength
if I see in your eyes my sparkle.

Life plays with those
who die by the lives they live;
With a dreamy minty gaze
and I'm starting to consume you by your neck...

My tongue sweetens if I look at you
little tasteful skulls of many flavors,
I feel sorry if I break you, if you shine,
the sugars brighten my sigh,
sequins of snow in its glow:
death is the color that seduces me.

Julie Sopetran
(Spanish poet)

37

Día de los Muertos ❧ Pasión por la Vida

RECORDANDO A LOS MUERTOS
Pasión por la Vida

HONORING THE DEAD
A Passion for Life

La Muerte entre los P'urhepechas

Día de los Muertos es una fiesta durante la cual los p'urhepechas celebran la vida de sus seres queridos que han fallecido. Antes de la llegada de los españoles no existía el concepto del infierno. Su universo estaba dividido en tres partes: el cielo, la tierra y el mundo de los muertos, localizado bajo la tierra. Para ellos dicho mundo era similar al paraíso o cielo cristiano; era como ir a un campo, a un lugar de alegría, de felicidad. Fueron los evangelizadores los que inculcaron, al inicio del siglo XVI, la creencia del cielo y el temor al infierno. Afortunadamente, los evangelizadores intuyeron que no debían de chocar con las costumbres y modos culturales de los nativos y que era necesario empalmarlas con la europea, produciéndose de esa manera el sincretismo que se vive día a día en esta región, donde los que han fallecido son venerados y recordados con alegría por sus familiares, por la convicción que tienen de que son felices donde sus almas se encuentren.

Aunque el Día de los Muertos en la meseta difiere un poco de lo que se hace en otras regiones de la misma cultura p'urhepecha, entre ellas la de la región lacustre de Pátzcuaro que presenta otros matices, en la sierra michoacana se hace una de las conmemoraciones más entrañables, cuyo carácter es eminentemente religioso ya que conserva muchas de las características del ritual funerario que practicaban los antepasados prehispánicos.

El historiador, antropólogo y profesor Blas Ramírez Vidales señala que para entender el significado de los rituales de Día de los Muertos hay que empezar por ver qué es la muerte entre los p'urhepechas. En vez de ser un acontecimiento fúnebre o de una profundidad trágica como se toma en otras culturas, en la región de la sierra la muerte se festeja como parte de la vida.

41

What Death Means to the P'urhepechas

Day of the Dead is a celebration of the P'urhepechas which honors the life of their deceased. Before the arrival of the Spaniards, there was no concept of hell for the P'urhepechas. Their universe was divided only into three parts: heaven, earth, and the world of the dead beneath the earth. For them the world of the dead was similar to a paradise or the Christian equivalent of heaven — like going to camp, a place of extreme joy. It was the evangelists of the 16th century who instilled a fear of hell. Fortunately, they avoided a complete clash with native customs and cultural ways when it became necessary to encourage natives to join the European belief system. This is now the syncretism that exists in the lives of the P'urhepechas. But most significantly the belief that the dead should always be remembered with joy and conviction, wherever the soul resides, is still intact today.

Though the celebration of Day of the Dead in the P'urhepecha Plateau differs from the celebration that takes place in the Lake Area, the commemoration of Day of the Dead is a well established tradition. In the mountain villages of Michoacan, however, the tradition has its very own special characteristics. It is eminently religious since many of the funeral rituals practiced by their ancestors were preserved.

Historian, anthropologist, and professor Blas Ramirez Vidales points out that to understand the significance of Day of the Dead, one needs to start observing what death means to the P'urhepechas. Instead of just being a profound tragedy, as it is in other cultures, death is celebrated as part of life.

Día de los Muertos ✻ Pasión por la Vida

❀ El Culto a los Muertos y a la Muerte

En este culto a los muertos y a la muerte, el Dr. Arturo Oliveros Morales, investigador y antropólogo de amplia trayectoria, considera esta tradición con un arraigo muy antiguo— siglo XV a. C.—en los pueblos de México y en particular en Michoacán. "La gente que vivió por esta zona acostumbraba a respetar y conservar la memoria de sus ancestros, porque venerándolos y reconociéndolos era una forma de trascender, de que la familia estuviera interconectada, amarrada a su pasado. Daban por cierto que la gente que había desaparecido de su entorno físico no se había ido del todo. Debemos tener presente sus creencias de que ese mundo que no era accesible porque estaba en la imaginación de ellos y que por tradición oral les llegaba, tenía que ser celebrado homenajeando tanto a la muerte como a los muertos".

"Con el paso de los siglos y dentro de esta columna del tiempo, desde la antigüedad hasta la actualidad, esa creencia se rasga con la llegada de los europeos y con el proceso de la Conquista se rompe este hilo. Sin embargo, al intercambiarse información, se enriqueció aunque también en ese proceso se perdieron muchas cosas valiosas", comenta el Dr. Arturo Oliveros Morales.

Por medio de los escritos de los antiguos mexicanos o de los frailes que aprendieron el p'urhepecha o el náhuatl y que transcribieron la información que los antiguos les daban, ha quedado un acervo de libros y documentos, que señalan que los meses del año, desde la primavera hasta el invierno, estaban divididos en diferentes celebraciones. Cada mes correspondía con actividades relacionadas a su economía, ideología o cultura.

Antes de la llegada de los españoles se celebraba la fiesta de los muertos. Se dedicaba un mes a los muertos grandes y se hacía otra fiesta parecida dedicada a los muertos chicos. Durante el mes que rendían homenaje a sus muertos preparaban ofrendas y realizaban

❀ The Cult of the Dead

Anthropologist Dr. Arturo Oliveros Morales believes that this tradition has very old and deep roots. He says it began around XV century B.C. in the small villages of Mexico, particularly those of Michoacan. "The people that lived near this area were accustomed to preserving the memory of their ancestors because venerating them was a form of transcending death. It was a way for a family to be interconnected and tied to their past. They believed people who disappeared from their physical surroundings never went away completely. We have to keep in mind their belief that the "other" world, which was not accessible because it was in their imagination and had to be described orally, was celebrated by paying tribute to death itself as well as to the dead. From those days to present day, this belief has morphed due to the arrival of the Europeans. With the Conquest, a thread was broken. However there was an exchange of information and the tradition has become enriched, although through the process many valuable things were also lost."

The ancient Mexican people who learned to read and write in Spanish along with the Spanish friars who learned P'urhepecha or Nahuatl transcribed information from many of the surrounding native villages. According to these books and documents, the months of the year were divided into different seasons of celebrations starting from spring and going into winter. Each month corresponded to certain village activities that were related to their economy or their ideologies.

Prior to the arrival of the Spaniards, the celebration of Day of the Dead for adults took place over the course of a full month. A celebration for children lasted a month also. During those months a tribute was paid to the dead and offerings were prepared. Rituals were also performed. One ritual practiced hanging gifts on a tree. To get the gifts down, one had to climb the tree, and "The man who climbed the highest came closest to his ancestors and the gods. These celebrations were born when the people settled into an

45

cierto tipo de actividades. Se cuenta entre ellas la de una especie de árbol en el que ponían regalos. Para bajarlos había que treparlo y "se supone que el que más alto llegaba se acercaba a sus ancestros y a sus dioses. Estas fiestas ocurren cuando los pueblos se vuelven sedentarios. Se ofrenda a los muertos en el momento de la cosecha, compartiendo esos bienes dejados por la lluvia en los meses de fertilidad de la vida. En esta cadena de vida-muerte, definitivamente hay una riqueza y una enseñanza que permite toda una reflexión: lo maravilloso del significado de vivir y morir. En esencia es la responsabilidad que tenemos de vivir la vida que es un tesoro", puntualiza el Dr. Arturo Oliveros Morales.

Para los conquistadores procedentes de un mundo lleno de las muertes europeas de la época medieval, de la guadaña que cega la vida, con sus muertos sepultados en las catedrales, encuentran en México la familiaridad de que la gente vive con los suyos enterrados en los patios de sus casas. Fue algo que chocó con las creencias de ellos. "Felizmente los europeos dejaron sus puntos de vista a un lado y para conseguir que los indígenas acepten el santoral gregoriano dedicaron dos días a la recordación de los difuntos. Aparentemente es poco, pero son una eternidad en tiempo si consideramos todos los preparativos que se llevan a cabo para recibir a las almas de los niños como a la de los adultos. Hay que considerar el tiempo y energía que se dedica desde sembrar la flor de *cempasúchitl*, bordar las servilletas y crear las piezas de cerámica", comenta el Dr. Oliveros Morales.

❀ La Diversidad determina la Identidad de cada Población

La celebración de Día de los Muertos en las diferentes poblaciones de Michoacán asume características especiales. En las poblaciones de las cuatro zonas que componen la región donde se asientan los p'urhepechas: Lacustre, la Meseta, la Ciénega de Zacapu y la Cañada de los Once Pueblos, sus habitantes honran la memoria de sus muertos de una manera muy particular, definiendo así su identidad cultural.

46

agrarian lifestyle. The offerings are made to the dead at the time of harvest, and people share the goods left by the rain. There is definitely a richness in this tradition and a lesson, that permits a kind of reflection — the marvel of living and dying. In essence, we have the responsibility to live life, which is a treasure," explains Dr. Arturo Oliveros Morales.

For the conquistadors who came from a world filled with the European deaths of the Middle Ages and where the dead were buried in cathedrals, finding the people of the New World informally living with their dead buried in backyards was something disagreeable. "But the Europeans tabled their point of view in order to convert the natives to their Gregorian calendar of saints in which the Europeans dedicated only two days of remembrance for the dead. Considering all of the preparations that need to be done for Day of the Dead from planting the *cempasuchitl* flower, to embroidering the napkins and tableclothes, to the making of ceramic pieces; receiving not only the children's souls but also adult souls takes an eternity of time," adds Dr. Oliveros Morales.

❀ Diversity determines the Identity of each Village

Depending on the village, the celebration of Day of the Dead in Michoacan assumes special characteristics. Four zones make up the P'urhepecha region: the Lake Zone, the Plateau Zone, the Canada of the Eleven Towns Zone and the Cienega of Zacapu Zone (swampland). Each village honors the memory of their dead in a unique way, thus, defining their identity.

Though the people of Zipiajo and Tirindaro in the Cienega of Zacapu and the people of Huancito in the Canada of the Eleven Towns remember their loved ones through different customs the cultural matrix is still the same, points out the Teacher in Anthropology

48

Los pobladores de Zipiajo y Tiríndaro en la zona de la Ciénega de Zacapu y de Huáncito en la zona de la Cañada de los Once Pueblos recuerdan a sus seres queridos a través de diferentes manifestaciones aunque, como lo indica la Maestra en Antropología Aída Castilleja, quien ha vivido en Erongarícuaro por más de quince años y trabaja con el Instituto de Antropología e Historia de México (INAH), la matriz cultural es la misma. Los habitantes de estas comunidades concurren al cementerio en busca de una reunión con sus seres queridos, pero cada población expresa esta misión cultural con ciertas variaciones. Por ejemplo, algunos cementerios se llenan de arcos cubiertos de flores frescas, en cambio que en otros se usan coronas de plástico.

❀ Semejanzas y Diferencias entre los P'urhepechas

El Dr. Arturo Oliveros Morales indica que aunque algunos usen un tipo de incensario diferente al otro, no deja de estar dentro de la misma tradición. Podría variar que de pronto alguien descubra que lo hacen en cristal de roca o porcelana, pero el utensilio primordial dentro de estas regiones va a ser el sahumador o incensario, la olla del mole, el canasto para los tamales. El diseño en el bordado de las servilletas puede variar, el colorido puede ser diferente, igualmente el arreglo de los adornos. Sin embargo, la base de la celebración es la misma: honrar el recuerdo de sus antepasados.

"Es un trabajo muy delicado encontrar las diferencias, porque es un mundo indígena con un cuerpo homogéneo y que por más variantes que pueda llegar a encontrársele existe dentro de lo más recóndito de esta celebración el mismo sentimiento. Las pequeñas variaciones en la forma cómo se celebra Día de los Muertos en la Cañada y en la Ciénega dan esa riqueza. De pronto dentro de la parte principal del altar se puede ver un cráneo y huesos. Posiblemente es un cráneo que una familia rescató del panteón, que sabe que perteneció a un pariente y que al sepultar a otro cuerpo lo sacaron y lo conservan como un tesoro de la familia. Para la fiesta de muerto

Aida Castilleja, who has lived in Erongaricuaro for more than fifteen years and works with the Institute of Anthropology and History of Mexico (INAH). People go to the cemetery in search of a reunion with the spirits of loved ones, even though each village expresses this mission differently. Some cemeteries are loaded with arches and covered with fresh flowers, whereas some cemeteries use plastic wreaths instead.

❀ Similarities and Differences among the P'urhepechas

Dr. Arturo Oliveros Morales further suggests that though some use different types of incense burners, it is still the same tradition. The customs only vary in that someone discovers, for example, that a burner could have been made of rock crystal or porcelain instead of clay; but the primary utensils of these regions are still the burner, the pot for mole, and the basket for tamales. The embroidery on the napkins can vary also. The coloring of the threads can be different, as can be the arrangement of the decorations. However, the basis for the celebration is the same – to honor the memory of their ancestors.

"It's a very delicate job to find subtle differences because it is a native world with a homogeneous body; though many variations can be found within the celebration, the same sentiments prevail. The variations in the way the Canada and the Cienega celebrate Day of the Dead provide the richness. Suddenly, a skull and bones will be seen in the main part of an altar. It is possible the cranium belonged to a relative rescued from the burial place and kept as a family treasure. For Day of the Dead they take it out because it is something special and the family is able to hold a piece of a loved relative. It sounds strange, but it's beautiful. There is definitely a love for the deceased and a feeling of reunion with that person who has returned to nature."

seguramente lo sacan y acarician el cráneo de ese pariente querido. Suena extraño, pero es hermoso. En definitiva es un apapacho al difunto, un reencuentro con aquella persona que volvió a la naturaleza, que se desvaneció físicamente", señala el Dr. Arturo Oliveros.

La antropóloga Aída Castilleja hace énfasis que la diversidad existente en las cuatro regiones p'urhepechas durante la celebración de Día de los Muertos, se puede observar también en otras ceremonias.

"Ellos comparten la misma raíz cultural, pero cada población crea una forma especial de demostrarlo, generando de esa manera una identidad común". Ella ofrece Zipiajo como un ejemplo, donde la cerámica, que distingue a sus habitantes de otras comunidades, ha sido integrada en el enjarre de las tumbas.

❁ La Muerte y Día de los Muertos

"La muerte y Día de los Muertos son dos momentos que tienen sentido totalmente distintos", comenta la antropóloga Castilleja. "La muerte trae consigo el duelo, la despedida y la separación. Cuando es una muerte por accidente, violenta, la gente no se recupera de la misma manera de cuando el que muere es una persona mayor, ya que por su edad como que ya les toca irse.

"En los pueblos p'urhepechas se activan todas las relaciones en el momento que alguien muere. El que despide a su difunto está pendiente de atender a la gente, pero los vecinos se arriman para dar. Llegan con leña, con azúcar, con el pan que se requiere para el velorio. Al amanecer, sin que las cosas tengan que discutirse o comentarse, el grupo de los hombres más cercanos va al cementerio a preparar la tumba, mientras alguien va a la iglesia para avisar al sacerdote sobre lo ocurrido. ¿Cómo se organiza todo ello?, a través de la fuerza de la costumbre. No hay que estarlo recordando, la gente sabe qué tiene que hacer en un determinado momento, es algo que se ve en todas las situaciones.

50

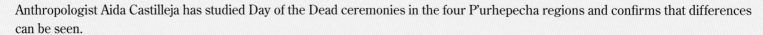

Anthropologist Aida Castilleja has studied Day of the Dead ceremonies in the four P'urhepecha regions and confirms that differences can be seen.

"They share the same cultural root, but each village creates its own way of demonstrating Day of the Dead, generating their specific community identity." She offers Zipiajo as an example, where pottery, which distinguishes the inhabitants of that village from other communities, has been integrated by putting clay on tombs.

❁ Death and Day of the Dead

"Death and Day of the Dead are two different moments. They ignite different feelings in the lives of the people," says Anthropologist Aida Castilleja. "Death brings pain, mourning, and separation. It is even worse if the death comes by accident or violence. People don't get over that kind of death easily. It is different when an older person dies. There is a kind of acceptance with old age."

"When someone dies, relations and commitments are activated among the P'urhepecha people. The people saying goodbye become hosts to visitors. Many villagers arrive with wood for cooking, sugar and bread, all things to prepare them for a long night vigil. The next morning a group of men go the cemetery to prepare the burial site. Some visit the local church to let the priest know what has happened. These activities are done through the strength of their customs. It is something that you see all the time in villages."

"In regard to Day of the Dead, it is a happy occurrence in people's lives. The souls are coming back to be among them.
The celebrations on November first and second are joyous occasions because their ancestors are honored."

51

52

53

54

Día de los Muertos ❀ Pasión por la Vida

"En cambio, Día de los Muertos es el momento de la alegría del reencuentro, porque las almas vuelven para estar con nosotros. La celebración del primero y dos de noviembre es de júbilo, es el poder rendir culto a los ancestros.

"En el proceso de apoyo que se dan los unos a los otros en estas comunidades, durante la confección del arco se pueden observar a niños viendo el quehacer de los adultos. De repente alguien les dice: 'dáme el lazo', o 'detén aquí'. Es así como los pequeños aprenden a ser parte integrante de su comunidad. Cuando a ellos les toque cumplir con ese compromiso no habrá necesidad de que alguien les indique lo que tienen que hacer. Lo han visto y lo han vivido.

"En Uricho, quienes llevan la ofrenda al cementerio, la reparten entre los muchachos que hicieron el arco, a su vez ellos la distribuyen con los niños. Lo que se distribuye son bienes y trabajo. Es una celebración que hila, que da fuerza a esa comunidad", dice la antropóloga Castilleja.

❧ El Fin del Ciclo Agrícola asociado con Día de los Muertos

La concepción cíclica del tiempo está dada por el ciclo agrícola en todas las culturas mesoamericanas. Las celebraciones se van definiendo a través del inicio, el transcurso y el final de dicho ciclo. En México la fiesta del 2 de febrero tiene que ver con la bendición de la semilla. Le siguen las celebraciones relacionadas con el tiempo de seca, o sea antes de que llueva, que son festejos que de alguna manera incluyen elementos de petición de lluvia. Llega el tiempo de aguas y con él las primeras acciones de la siembra. La obtención de los primeros frutos se da hacia el 15 de agosto con las celebraciones de la Virgen, que son fiestas de primicia. La celebración de Día de los Muertos marca el inicio de la cosecha con los frutos de la tierra que se ponen en la ofrenda. Por ello, el fin del ciclo del maíz

"During the making of the arch, you can observe small children being very attentive to what the adults are doing. Someone will say, 'Give me the lace' or 'Hold this' and children participate. When their turn comes, it won't be necessary to tell them what to do."

"In Uricho, people share their offerings with the young men who make the arch. Similarly, those young men share their offering with the children. They share the result of their work. This celebration, then, makes the communities stronger," says Dr. Castilleja.

❧ The End of the Agriculture Cycle and Day of the Dead

In all Mesoamerican cultures the cycle of life is directly related to the cycle of agriculture. Their celebrations are defined with a beginning, a middle, and an end. On February second in Mexico, the seed for harvest is blessed. This is followed by a dry season when there are celebrations asking for rain. When rain arrives, the planting of the seed starts. The first harvest of corn occurs in the middle of August along with a celebration of the Virgin Mary. During this celebration, corn is offered as a gift. Day of the Dead marks the beginning of a second harvest. Consequently, the end of the agriculture cycle represents the end of the life cycle and coincides with Day of the Dead: When the ancestors die, the corn dies giving new fruit for the next cycle. The cycle of agriculture basically gives structure to the ceremonies throughout the whole year.

Día de los Muertos ❀ Pasión por la Vida

es el fin del ciclo del hombre, el cual coincide con la celebración de muertos y por lo tanto el fin del ciclo de producción de la tierra. Así como murieron los ancestros está muriendo el maíz para dar fruto a un siguiente ciclo.

Cada cultura le da un sentido específico, pero en general es el ciclo agrícola el que estructura los ceremoniales.

❁ Legado de Padre a Hijo

La costumbre de brindar apoyo a alguien que está a punto de morir es muy fuerte en las comunidades indígenas y mestizas, informa el profesor Blas Ramírez Vidales. Si el tiempo de agonía se extiende, tanto familiares como amigos ofrecen palabras de apoyo a la persona enferma.

"Cuando la persona siente que su paso por esta vida está a punto de terminar, se preocupa por dejar encargados sus asuntos a un miembro de su familia. Generalmente el primogénito es el designado para ello. El mandato del padre es transferido con palabras como: 'Ya me voy a morir, pero tú que eres mi hijo vas a hacer que las cosas continúen como si yo estuviera'. Es una autoridad delegada en el momento de la muerte que se mantiene frente al nucleo familiar", dice el profesor Blas Ramírez Vidales.

"En la Meseta P'urhepecha", continúa el profesor Blas Ramírez Vidales, "el mando familiar no se discute, se acata. Por supuesto que en pueblos como Paracho, que ya tiene un alto grado de mestizaje las cosas han ido cambiando". Él menciona como ejemplo que los jóvenes ahora buscan novia y se casan, algunas veces sin la participación de sus padres. En cambio, en los pueblos indígenas se mantiene un alto nivel de obediencia y la orden de un padre es definitiva, convirtiéndose en ley. Señala que el papel que desempeña la mujer todavía carece de significado a pesar de los avances y de los grupos feministas que han luchado por su reconocimiento social,

❁ A Legacy from Father to Son

The custom of supporting people who are dying is very strong throughout the indigenous and *mestizo* communities according to professor Blas Ramirez Vidales. If the terminal period lasts long, relatives and friends visit the sick person often, offering comfort.

"When a man believes his journey through this life is about to end, he takes care of entrusting personal affairs to a member of the family. Generally, the first-born son is the one designated. A father's mandate is typically communicated with sayings like 'I'm going to die, but you will make things continue as if I was still here.' It is an authority delegated before death and is kept within the family nucleus," says professor Blas Ramirez Vidales.

"In the Meseta P'urhepecha," continues professor Blas Ramirez Vidales, "the familial command is not discussed. It is simply respected. Of course, in villages that have a high level of racial mixing things are changing." He says that young men now seek their girlfriends and sometimes marry without letting the parents know. But in strictly indigenous villages, there is still a high level of obedience to a father —what he says is law. He mentions that a woman's role still lacks significance despite current advances and feminist groups that have fought for social, political, and economic recognition. He says the father of a young man still goes, accompanied by the suitor's grandfather and baptismal or confirmation godfather, to ask for the hand of a young girl. A delegation arrives at the girlfriend's house and speaks to the head of the family. If the head is a widow, and there is no man of the house, the next male relative is invited.

Día de los Muertos ❧ Pasión por la Vida

político y económico. Cita como ejemplo que para realizar la petición de mano de una joven es el padre quien va y se hace acompañar del abuelo, del padrino de bautismo o de confirmación del pretendiente. La delegación llega a la casa de la novia y habla con el jefe de la familia. Si ha muerto el hombre de la casa, invita al que le sigue en el orden familiar, ya que siempre debe de estar presente un hombre porque es entre ellos que hacen el trato.

Aunque la cultura p'urhepecha está arraigada fuertemente como de un patriarcado, son las mujeres las encargadas, en la mayor parte de los casos, de transmitir la tradición de Día de los Muertos. Uno de los rituales más importantes es La Velación de los Angelitos, durante el cual son las madres y las abuelas quienes llevan a los niños al cementerio para rendir homenaje a la memoria de los fallecidos. Son las mujeres las que cocinan los platillos que luego ponen en el altar y también las que en mayor proporción realizan la vigilia en los cementerios.

⚘ El Ritual de la Muerte

Al morir la persona los familiares dejan su cuerpo en la cama por un rato. Lo primero que le acercan son las flores, ya que el gusto de los p'urhepechas por ellas no tiene límite. Se enciende el copalero con incienso y se ahuma para limpiar el ambiente de energía negativa. En la medicina tradicional el humo del incienso se utiliza para la limpia y al fallecido se la hacen, en caso de que en alguna ocasión de su vida la haya necesitado, de esa forma se irá libre del daño que sufrió.

Durante el periodo que el fallecido permanece en la casa lo visitan los familiares y amigos. Luego lo llevan a la iglesia para la celebración de una misa de cuerpo presente donde le hacen guardia de honor. El feretro es cargado por los parientes y amigos más cercanos, al tiempo que van cantando alabanzas a la Virgen María, si es mujer. Si se trata de un hombre, los cantos van dirigidos a algún santo,

According to P'urhepecha culture, there should always be one male present. Though the P'urhepecha culture is heavily influenced by patriarchy, it is the women who do a large amount of the work passing on the tradition of Day of the Dead. A very important ritual is the Vigil of the Little Angels, during which mothers and grandmothers take their children to the cemeteries to honor the deceased. Women also prepare the offerings for the altar and later hold a vigil at the cemetery.

⚘ The Ritual of Death

When a person dies, the body is left on the bed for a time. The first items they place near the bed are flowers. The enjoyment the P'urhepecha people derive from flowers is immense. An incense container is lit, and the room is filled with smoke in order to clean it of negative energy. In traditional medicine incense is used for cleansing, and cleansing is done at this point in case the deceased had not already gone through a cleansing during his or her lifetime. During this period also, relatives and friends visit.

Afterward, the deceased is taken to church for mass before burial. An honor guard presides until the body is transferred to its final resting place. The coffin is carried by the closest relatives and friends, who sing praises to the Virgin Mary if it is a woman. If it is a man, the chants are directed to a saint, particularly the one the deceased was devoted to most. It is not customary to speak or say good-bye at the cemetery. The priest blesses the deceased and then they bury him or her, covering the site with flowers. All of the dirt that came out of the hole must be put back on top of the tomb because, according to belief, if any dirt is left over, a living relative could die.

The family stays in the cemetery for approximately two hours and then go home. At five o'clock the next morning, friends and relatives meet at the home once again and go as a group to the cemetery. They stay by the tomb in order to celebrate the deceased's life, adding water to plants and arranging the flowers.

sobre todo al de la devoción del fallecido. No se acostumbra hablar o despedirse de él en el cementerio. Allí el sacerdote bendice el lugar y lo entierran, cubriendo el sitio de flores. Se procura que toda la tierra que salió del hueco quede amontonada sobre la tumba ya que si sobra, según sus creencias, podría morir un pariente.

Después de sepultarlo, los familiares permanecen en el cementerio por unas dos horas y luego se van a sus casas. Alrededor de las cinco de la mañana del día siguiente, amigos y parientes se dan cita en el domicilio para ir todos al camposanto a saludarlo. Permanecen junto a la tumba arreglándola, poniendo agua y acomodando las flores.

Al volver, preparan la casa para dar inicio al novenario con la cruz que colocarán en la tumba al concluir los nueve días de oraciones. Los amigos se reúnen diariamente para la novena y al concluir el rosario de cada día, les sirven alimentos como pozole, nacatamales, atole de leche, atole de grano, gelatina con pan o con galleta, dependiendo de la temporada.

Muchos contratan una rezandera, así como a personas que conocen los cantos con los que se acompañan los rezos. Esta práctica común en toda la región indígena ha perdido en muchos lados el canto al Alabado, el cual está compuesto de unos 60 cuartetos en verso con un estribillo que se cantaba con una variedad de voces hasta hace unos 40 años, informa el maestro Blas Ramírez Vidales.

Al cumplirse los nueve días, los familiares van al panteón y le comunican al muerto que ya terminó el novenario. Le piden que se quede en paz y colocan la cruz en la tumba. En Charapan es costumbre guardar la cruz en un rincón de la casa hasta el primero o dos de noviembre, para que después de la misa en el camposanto, el sacerdote la bendiga y a continuación los familiares la coloquen en la cabecera de la tumba.

"El novenario, que es una costumbre europea", comenta el profesor Blas Ramírez, "se hace para ir alejando al vivo del muerto con el propósito de que emocionalmente, el familiar que ha sufrido el dolor de perder a un ser querido, quede lo más tranquilo posible. A la

 60

When they return home, they prepare the house for a celebration. A cross representing the deceased takes center stage while prayers are recited and chants are sung. The prayers they say are part of the *novena* and last for nine days. After the prayers are said each day, traditional foods such as *pozole, nacatamales, atole de leche, atole de grano*, and gelatin with pastries are served, depending on what is available that season.

Some families hire people to pray and chant with them. Sadly, the Alabado Chant, a 60 verse quartet with repeating refrain, sung in a variety of voices until about 40 years ago, is being lost in the indigenous regions, informs professor Blas Ramirez Vidales.

After the *novena*, the family takes the cross to the cemetery. Relatives inform the deceased that the *novena* is complete. They ask that he or she rest in peace then place the cross on the tomb. In Charapan, it is customary to leave the cross in a corner of the house until Day of the Dead on the first or second of November. Following a mass, the priest blesses it and only afterwards do the relatives place it at the head of the tomb.

"The *novena* is a European prayer and custom," notes professor Blas Ramirez Vidales, "and is practiced to distance the living from the dead. Its purpose is to keep any relative who has suffered a loss as calm as possible. The *novena* is the final farewell, though just partly, and relatives believe that the soul begins his or her journey to *Mictlan* at this point. The deceased will also continue to be visited at the tomb because of the belief that his or her spirit continues to be present for a time." He emphasizes that the P'urhepecha had a cosmogonic religion based on the heavenly bodies and their movements, on the seasons and nature. That was before the arrival of the Spaniards. "It was and still is a culture tied to natural things. For them the sun, with its light, and the twilight, with its darkness, always define life and death."

Day of the Dead   A Passion for Life

62

Día de los Muertos ❀ Pasión por la Vida

Day of the Dead ❀ A Passion for Life

vez, se va encaminando al muerto, porque el novenario es una despedida, aunque sólo en parte, ya que seguirá siendo visitado por la convicción que tienen de que, aunque físicamente no esté ese ser querido, su espíritu continúa presente".

El profesor Blas Ramírez Vidales hace hincapié que antes de la llegada de los españoles, el p'urhepecha tenía una religión cosmogónica, basada en los astros y sus movimientos, en las estaciones y en la naturaleza. "Fue y es una religión ligada a cuestiones naturales, porque para ellos el sol con su luz y el ocaso con la oscuridad definen la vida y la muerte".

Uno de los rituales que los p'urhepechas tenían relacionados con la muerte es la identificación de la guaricha con quien hablaban, que no es otra cosa que la visión del fallecido. Incluso dentro de su cultura saben de lugares especiales donde "viven" las guarichas. Es por esa creencia que se mantiene, en cierta forma, la costumbre de ir al panteón a conversar con su familiar, ya que para ellos no se va del todo. Acuden a platicarle cuando hay un problema, cuando tienen una necesidad. Incluso, en varias poblaciones de la meseta el día de su santo, la gente se avecina a arreglarle la tumba con flores y le encienden velas. En la casa donde vivió, sus familiares preparan comida, contratan a músicos, bailan y le dedican por el altavoz mensajes que todo el pueblo oye: "Al Sr. Salvador Hernández, que murió y que hoy es su cumpleaños le dedicamos una canción". Según el profesor Blas Ramírez Vidales, esta costumbre comienza a desaparecer en algunas comunidades pero, a pesar de los cambios que se están dando, él señala que a diferencia de otras culturas y otros lugares, la persona fallecida sigue cerca, muy ligada a la familia. Menciona que cuando un joven se va a casar si su padre está muerto, los familiares lo llevan al cementerio y le dicen: "Aquí está tu papá, díle que te vas a casar, que te de permiso y que te acompañe".

❀ Las Ofrendas

Unos ocho días antes de la celebración de Día de los Muertos o *Jimbankua* como se conoce en la Meseta P'urhepecha, los deudos compran pan, dulces y cajas con frutas de la temporada y arreglan unas charolas en la que ponen de todo un poco. Van a las casas

Another practice that the P'urhepecha tie to Day of the Dead or *Jimbankua* is identifying a *guaricha*, a vision of the deceased. Within the culture, they believe in special places where *guarichas* live. Because of the belief in spirits, the custom of going to the burial site and conversing with the deceased remains strong. They believe a relative never leaves completely. They talk to him or her when there is a problem or when they have a need. Moreover, in some plateau villages, on birthdays, in addition to Day of the Dead practices, people fix up tombs with flowers and light candles to remember a loved one. On these occasions they prepare food, hire musicians, and dance in homes; and through a loudspeaker messages are often dedicated for all of the village to hear: "To Mr. Salvador Hernandez who is dead, because today is his birthday, we dedicate this song." According to professor Blas Ramirez Vidales, this particular practice is starting to disappear in some communities. But in spite of the changes taking place, he emphasizes that the spirit of the deceased remains very close to the family throughout time. He mentions that when a man is to be married but his father is dead, relatives usually take him to the cemetery and say, "Here is your father. Tell him you are to be married so he may give his permission and accompany you."

❀ The Offerings

Days before the celebration of Day of the Dead or *Jimbankua* relatives buy pastries, candies, and boxes of seasonal fruit and arrange trays on which they put a little of everything. First they pay a visit to the people who accompanied them to the burial that year. They knock on their doors and present them with offerings. The offering is a gesture of thanks for support during a trying time.

de las personas que los acompañaron durante el funeral y la entregan comentando: "Vine a traerle la ofrenda de parte de León, el que se murió como hace tres meses". Esta ofrenda es una forma de agradecimiento a aquellos que los acompañaron en esos momentos tan difíciles.

La p'urhepecha, al igual que la maya, son culturas del maíz, por lo que en este producto de la tierra no sólo radica el valor alimenticio, sino también su valor cultural. Entre los alimentos tradicionales que se preparan para la celebración, se destaca la corunda llamada *K'urhúnda uaparhikata* hecha a base de maíz nuevo del año, que a partir de octubre se empieza a cosechar. Se cocina el maíz, se lava muy bien y se muele en el molino o en el metate. La masa refinada se revuelve con frijol fresco, que en esta temporada se cosecha en las parcelas. La masa del tamal se envuelve en las hojas de la planta de maíz dándole forma de una estrella de cinco puntas, como si fuera una figura geométrica. Esta corunda que también representa la estrella o el *Átomo Divino* del muerto, al igual que la flor *parakata tsitsíki* se relaciona con el enjambre de mariposas, que para muchos, representa el regreso de las almas.

Desde el día anterior al primero de noviembre en San Lorenzo, las señoras de la casa, parientes y amistades se amanecen preparando el chile para los nacatamales. Cuecen el maíz para hacer el *nixtamal* y sacar al día siguiente muy temprano grandes cantidades de masa para los nacatamales, junto con el mole rojo de chile guajillo. La *atápakua* es otro tipo de tamal que se condimenta con hongos, quelites, carne de res, y muchas veces se hacen a base de vegetales, según el gusto de cada familia.

El pan de muerto, con diseños propios de las creencias de esta región, se elabora con la figura de un conejo — *aguani* — que representa al hombre. Una figura en forma de muñeca —*guapita*— representa a la mujer. Estos símbolos son resultados de una creencia metafísica. Por ejemplo, en San Lorenzo creen que el alma es hija de la luna y regresa a ella; el cuerpo físico retorna a la Madre Tierra y el espíritu al sol, conocido como *juriata* en p'urhepecha. El pan con la figura de conejo, se relaciona con dicha creencia de que el alma regresa a la luna.

 66

Like the Mayan culture, the P'urhepecha culture is a corn based culture. That is, corn has not only a nutritional value but a cultural value as well. Culturally significant is the *tamale*, also called a *corunda* in Spanish or *K'urhunda uaparhikata* in P'urhepecha. It is a traditional meal prepared for the celebration. On Day of the Dead, it is made of new corn harvested in October. The corn is cooked, washed, and ground in a grinder or on a flat stone. Lard is added to the meal before it is mixed with fresh beans, then the mixture is wrapped in corn leaves. Just for the celebration the tamale is wrapped in the shape of a five point star like a geometric figure. The star shape represents the *Atomo Divino* or soul of the dead, just as the *parakata tsitsiki* flower and butterflies also represent the souls of the dead.

On the day before November first, women in a village like San Lorenzo rise early to prepare *chile* for the *tamales* and make great quantities of batter for the *nacatamales*, as well as great quantities of red *mole* made from the *guajillo chile*. The *atapakua*, another type of tamale, is also a dish prepared for this occasion. Typically the *atapakua* is seasoned with mushrooms, green vegetables, beef, and often made with a vegetable base.

The bread of the dead called *pan de muerto* is made depicting symbols of the region. Sometimes it is made in the shape of a rabbit called *aguani*, also representing a man. Other times it is made in the shape of a doll called *guapita*, which signals a woman. Whatever the shape, they support metaphysical beliefs. For example, in San Lorenzo, it is believed there are three parts to a human being: the soul, the physical body, and the spirit. Upon death the physical body returns to Earth, the spirit returns to the sun, and the soul returns to the moon. Since the soul returns to the moon and the villagers see an image of a rabbit in a full moon, a relationship is drawn between the rabbit and the soul; thus, the bread is sometimes made in the shape of a rabbit. It is unknown as to why this also suggests a man.

Day of the Dead ❀ A Passion for Life

Día de los Muertos   Pasión por la Vida

❀ Importancia del Arco y de las Estrellas de Flores

En la cabecera de la tumba se coloca, el Día de los Muertos, el arco con una cruz en la parte superior. Para los indígenas el arco es el símbolo del universo representado por el número cinco: los de cada esquina encarnan los cuatro puntos cardinales del universo y el del centro alude al sol como deidad. La unión de esos cinco puntos se hace con dos líneas rectas, que se cruzaban en el centro de esquina a esquina. El cruce de estas líneas se refleja en el diseño del arco. Es importante señalar que el símbolo cristiano de la cruz, fue lo primero que adoptaron los indígenas de la religión católica. Posiblemente fue porque comprendieron su significado al ser presentado por los misioneros.

Familiares de la persona fallecida también colocan a los pies de la tumba estrellas tapizadas con flores de *cempasúchitl* sostenidas sobre una especie de tripié de madera. Las flores desempeñan un papel muy importante en el arreglo del altar y del arco. Antiguamente se usaba una flor amarilla y diminuta llamada Santa María; luego, el *cempasúchitl* comenzó a usarse como la flor tradicional de Día de los Muertos. Además, también se usa en los arcos una flor parecida a la orquídea, la que se conoce como Flor de Ánima.

El *cempasúchitl*, flor que predomina en los arreglos de esta región, tiene una leyenda muy atractiva. Se dice que durante la época de la peregrinación azteca, ellos iban de un lado a otro buscando un lugar donde asentarse; debido a las condiciones que enfrentaban, muchos morían en el camino. A pesar de ello, las jornadas tenían que continuar en tanto que los indígenas, al mando de Tenoch, lloraban a sus muertos. En alguna ocasión uno de ellos pensó "¿por qué no ha de haber flores para adornar el lugar de los nuestros, que se han ido antes?". Hincándose con sus familiares y demás miembros de la tribu pidió a Tonatiuh, el sol: "dános flores para adornar el lugar donde reposan los nuestros".

❀ The Significance of the Arch and Flower Stars

An arch made of flowers and bearing a cross is placed at the head of a tomb on Day of the Dead. To the indigenous people, the arch is the symbol of the universe. The universe is also represented by the number five. Consequently, five points represent the cardinal points of the universe with the center point representing the Sun god. A union of these five points is made by crossing two lines in the center, starting from corner to corner. The crossing of the lines is reflected in the arch, thus the purpose of the design. Also noteworthy, the cross was the first symbol the indigenous people adopted from the Catholic religion. It may have been carried over by the natives as a significant symbol after missionaries introduced it.

Flower stars are also placed at the foot of the tombs. These star symbols are decorated with *cempasuchitl* flowers and supported by wood. The P'urhepecha people are considered one of the most ancient groups of people in the region. Since their arrival to the land of Michoacan, they have cultivated flowers and used them in their religious and secular life. These flowers play a distinctive role in the arrangement of the altar and the arch. Formerly a wild, yellow, and diminutive flower called the Santa Maria was commonly used. Later the *cempasuchitl* was exchanged as the traditional flower of the Day of the Dead. In addition, the *Flor de Anima* or Flower of the Soul is also used to adorn the arches. This flower is similar to the orchid.

The *cempasuchitl*, a flower that grows abundantly in this region, has a very interesting legend attached to it. It is said that during the times of the Aztec peregrination, Tenoch led the Nahua tribe while looking for a place to settle. Along the journey they were confronted by many adversities and many loved ones died thus, they wept for their dead until someone finally asked, "Why aren't there flowers to

Al día siguiente, cuenta la leyenda, que los campos amanecieron cubiertos con las flores de *cempasúchitl*, tan hermosas como bolas de oro. Los indígenas interpretaron que su dios había escuchado los ruegos y enviado flores doradas como los rayos del sol. Los aztecas fueron al campo, recogieron todas las flores que pudieron y las llevaron, como señal de respeto y cariño, al lugar donde descansaban los restos mortales de los suyos.

La palabra *cempasútchil* se compone de dos voces de la lengua náhuatl: *composalli*: veinte pétalos, y *xochitl*: flor. Es decir "flor de veinte pétalos". Por la costumbre que tienen los indígenas de adornar con ellas las tumbas de sus familiares el 2 de noviembre, también se la llama flor de muerto.

❀ Las Flores de Día de los Muertos

Ubicada a 23 kilómetros de Uruapan, San Lorenzo es una población que ha tenido una influencia política y religiosa muy fuerte de Uruapan. La celebración para homenajear a las personas fallecidas durante el año en curso implica una entrega mayor, diferente a la que se dedica a las almas de los fallecidos en años anteriores. Bertha Alicia Cruz Ramón, Promotora Cultural de San Lorenzo, señala la importancia de las flores en la celebración de Día de los Muertos, como parte de los símbolos más destacados de esta fiesta dedicada al muerto nuevo. Son cuatro las tradicionales del área. La primera de ellas es una orquidea de la temporada, la *jóskua tsitsíki*, o flor de estrella, de color morado y tonos blancos. Esta flor, que se da en lo alto de los tejocotes y de los encinos negros, representa el espíritu del fallecido que al volver al sol se convierte en una estrella. Otra, de la familia de las orquideas de esta temporada es la *parakata tsitsíki*, flor de mariposa, de color amarillo y tonos café, que se da como flor parásita y que por analogía de la naturaleza representa la siquis del hombre. Los enjambres de mariposas que aparecen en esta temporada, son relacionados con la *parakata tsitsíki*, y la creencia

decorate the resting places of our loved ones, those who have preceded us?" The people knelt and prayed to Tonatiuh, their sun god, requesting flowers to beautify the place where their people were buried. A day later, according to the legend, the fields were covered with *cempasuchitl* flowers. The natives interpreted that the sun god had answered their prayers, sending these golden balls, which were as bright as sun rays on a clear sunny day. The Aztecs went into the fields, picked as many flowers as they could gather, and placed them as a sign of affection and respect at the site where their beloved ones were buried.

The word *cempasuchitl* originated from two words in the Aztec language of Nahuatl: *cemposalli*, which means twenty, and *xochitl*, which means flower. Consequently, *cempasuchitl* literally means "flower of twenty petals." Because the graves are adorned with this flower, it is also referred to as the flower of the dead.

❀ Flowers of Day of the Dead

The celebration to honor those who died during the current year is more significant and involves a great production, as opposed to celebrating souls of years past, who simply receive an offering at the altar of their home. San Lorenzo, located only 23 kilometers away from Uruapan, is a village that has always been ecclesiastically and politically influenced by Uruapan. It was here I interviewed cultural promoter Bertha Alicia Cruz Ramon. She stressed the importance of flowers during Day of the Dead celebrations. They are one of the symbols that stand out most. In general there are four types of flowers used for the celebration: one seasonal orchid called *joskua tsitsiki* or starflower, which is purple with white hues. This flower blooms along with hawthorns and black holm oaks and represents

Day of the Dead · A Passion for Life

72

que las almas de los muertos regresan de esta forma a participar de las fiestas. Otra flor tradicional de esta celebración es la *tiringui tsitsíki*, cuyo aroma es un poco mejor a las anteriores. Es de color amarillo, con dibujos muy bonitos. Por su tonalidad representa también el color dorado del *Átomo Divino*. Y está el *k'etsikarhani*, que es el *cempoaxótchil*, simbólico a nivel nacional durante esta celebración, entre todos los grupos étnicos. Su raíz significa vida y abarca toda la cosmovisión. Es la flor tradicional que se coloca en los altares y en las tumbas.

✿ El Arco Floral

En la tarde del primero de noviembre, en San Lorenzo, los hombres acuden a la casa donde se celebra un muerto nuevo para diseñar el arco floral. El semicírculo del arco significa que la muerte es una expresión física del paso del alma hacia otra dimensión. Este semicírculo lleva alas. El p'urhepecha cree que el muerto se convierte en un ser alado que vuela con su ángel guardián hacia la dimensión de los desencarnados.

El arco se adorna con la *jóskua tsitsíki*, flor de estrella; la *parakata tsitsíki*, flor de mariposa; la *tiringui tsitsíki*; y el *k'etsikarhani*, el *cempoaxotchil*. En el arco se cuelgan frutas de la temporada, así como la *uaparhikata*, envuelta en las hojas del maíz; uchepo, una comida dulce preparada con elote molido mezclado con dulce de piloncillo y canela, envuelto también en hojas de elote; gorditas de elote sazonadas con dulce y los nacatamales. A los costados del arco colocan velas mientras que en la parte superior ponen una cruz.

En la noche, los familiares velan en el cementerio con el arco puesto sobre la tumba. Llevan también todo tipo de comida tapada con servilletas bordadas, al igual que el incensario y las velas. En el panteón se puede ver un panorama luminoso, lleno de flores, muy colorido por las servilletas de fleco y por la vestimenta de las mujeres envueltas en sus rebozos. Los familiares y amigos del festejado se

the spirit of the deceased. It also suggests the conversion to a star when the soul returns to the sun. The second flower, an orchid called *parakata tsitsiki* or butterfly flower is yellow with brown hues and blooms as a parasite. This flower represents the human psyche. *Parakata tsitsiki* actually means butterfly in P'urhepecha, and when swarms of butterflies appear during the season, it is believed that the souls of the dead are returning to participate in their celebrations. The third common flower used is the *tiringui tsitsiki*. Its aroma is quite nice, and it is yellow with markings. Yellow represents the golden color of the soul or *Atomo Divino*. Finally and most significantly, there is the *k'etsikarhani*, also called the *cempoaxotchil* or *cempasuchitl*. This flower is symbolic on a national level during Day of the Dead celebrations. The root of the flower signifies life and represents all cosmovision: It is the most important flower placed on the altars and tombs.

✿ The Floral Arch

In San Lorenzo, men are in charge of designing the floral arch on the afternoon of November first. The arch is significant because the semicircle represents the death of a body and the passing of the soul to another dimension. Wings are also attached to the semicircle because the P'urhepecha believe that the dead get wings and fly with their guardian angel to the dimension of the disembodied.

The arch is adorned with the *joskua tsitsiki* (starflower), the *parakata tsitsiki* (butterfly flower), the *tiringui tsitsiki* flower, and the *k'etsikarhani* (*cempoaxotchil* flower). Seasonal fruits also are hung from the arch along with several types of tamales; corn gorditas; and *uchepo*, a dish made with ground corn, brown sugar, and cinnamon and wrapped in corn leaves. In addition a cross is secured to the top of each arch. The families keep a vigil for several hours at night at the cemetery with the arch on the tomb. They also bring incense,

concentran al pie de la tumba para recordar al fallecido. Los rezanderos desgranan las cuentas del rosario, encabezados por el alcalde que comanda a un grupo de ancianos, los cuales han funjido anteriormente en la comunidad como alcaldes por un año. Quienes han ejercido como autoridad civil pasan a ser autoridad religiosa, con responsabilidad en las distintas celebraciones de San Lorenzo.

❀ Ofrendas para el Altar — *Animecha Ke'jtsitakua*

El ritual de Día de los Muertos comparte dos elementos predominantes a nivel familiar: la colocación de altares y ofrendas. El altar es un lugar sagrado donde los vivos hacen presente su amor por los muertos, conviviendo con ellos en el recuerdo. En el altar se colocan las pertenencias del fallecido, flores y ofrendas, ceremonia en la que participan los miembros de la comunidad.

Los regalos de frutas y velas son colocados alrededor del altar. En la mesa se ubica también una olla con agua, se pone un mantel de algodón con flecos de colores hechos de lana y una servilleta que por su bordado representa una de las expresiones culturales de la comunidad. Al pie del altar el humo del incienso-copal que se quema en brasa de leña en incensarios de barro negro, aromatiza el ambiente limpiándolo de impurezas.

La pieza principal de las trojes — viviendas de madera — simbolizaba al hombre y la cocina a la mujer. Durante la celebración de Día de los Muertos, en la pieza principal de la casa, se colocaba un petate de tule y las señoras que llegaban a festejar al muerto ponían sobre el petate un cesto de carrizo, *tsikiáta*, o batea de madera decorada, llena con frutas de la temporada, mazorca del año y una vela. "La ofrenda que llevaban incluía chayote y camote cocido, gorditas de maíz sazonadas con azúcar, chilacayote dulce, guayabas, naranjas, limas, plátanos y manzanas", comenta Bertha Alicia Cruz Ramón, al compartir las creencias que predominaban en esta población hasta hace poco y de las cuales todavía quedan algunas fuertemente arraigadas. Las ofrendas en el altar evocaban la presencia de *Tatá Kueráp'iri* y *Naná Kueráp'iri*, padre y madre creadores, una creencia que todavía se mantiene en algunas poblaciones.

74

candles, and typical foods covered with embroidered napkins. A luminous stage can be seen at many burial sites overflowing with flowers and colored fringed napkins. Family and friends gather at the foot of the tomb; many of the women are covered with shawls; and everyone celebrates an ancestor. The people who are asked to help pray count rosary beads and are led by a mayor in charge for that year: Elders have the responsibility of acting as mayor of the community for one year. Thus civil authorities automatically become religious authorities, taking part in many celebrations.

❀ Gifts for the Altar on Day of the Dead—*Animecha Ke'jtsitakua*

Day of the Dead rituals in homes share two predominant features: the making of altars and the offering of gifts. The altar is considered a sacred place where the living show their love for the dead and co-exist with them for a time in memory. Belongings, flowers, and food are all placed around and on the altar, and many members of the community participate in the ceremony.

Fruits and candles brought by community members are placed alongside flowers and more candles. A pot with water is left on the altar, which is covered with a cotton tablecloth. Typically a tablecloth is white and edged with brightly colored wool fringe. A napkin embroidered with significant designs such as the community's local flower is also placed on the altar. Furthermore, hot wood coals burn incense and smoke in black clay ashtrays and sit at the base of the altar, aromatizing the environment and cleansing it of impurities.

Historically native people lived in wood-crafted houses called *trojes* and some still do to this day. The house was built with two rooms, a main room and a kitchen. The main room is typically thought of as symbolizing the man and the kitchen, the woman. During Day of the

75

76

Según Bertha Alicia Cruz, las señoras salían con dos o tres kilos de masa que previamente se había preparado para los nacatamales, además de un manojo de hojas de maíz, *apatakua* de mole rojo, carne de res y cebolla picada. Como retribución a la ofrenda de frutas, le daban estos condimentos a la visitante para que ella hiciera sus nacatamales. Esta costumbre continúa dándose el primero de noviembre, ya que en los hogares donde hay una fiesta se observa un desfile permanente de señoras que van a festejar al muerto del año.

La comida preparada se ofrece primero al alma del fallecido para que aproveche el flujo vital de los alimentos. La parte física queda para los familiares y amigos.

Bertha Alicia Cruz recuerda que en los años de su niñez y adolescencia los niños iban a las casas llevando manojos de flores para contribuir a la celebración. Desde temprano en la mañana se organizaban los grupos de chiquillos para recorrer los campos y cerros recogiendo flores que ofrecían para el arco que se hace y adorna las casas la noche del primero de noviembre. Los anfitriones los hacían pasar, les ofrecían asiento en unas bancas y las señoras salían de la cocina con nacatamales humeantes que ofrecían a los niños, como un reconocimiento por haber llevado las flores. En otras ocasiones les daban también frutas que sacaban de la gran concentración que se formaba sobre el petate, que se iba acumulando con las ofrendas. Los niños siguen participando de esta costumbre, aunque ya no tiene tanto atractivo como antes de acuerdo a Bertha Alicia, ya no recogen las flores características de la celebración, ofrendando otras que han sido adoptadas. El juego de hurtar frutas y comida de los cestos y las bateas donde se ponían para los muertos, es todavía recordado en San Lorenzo. En tiempos pasados, niños y jóvenes catalogados como "rebeldes" conocidos bajo el nombre de *pichacuticha*, hacían travesuras hurtando comida de las tumbas, al menor descuido de los familiares. Por supuesto, los chicos eran regañados por sus padres y padrinos. Era un juego que no estaba autorizado por la gente mayor, puesto que todo debe ser ofrendado primero al muerto y después compartido por los familiares y amigos.

Dead, a mat was placed in the main room of the house where women arranged wicker baskets called *tsikiata* in P'urhepecha or decorated wooden trays with gifts. The gifts were seasonal fruits, vegetables, corn in husks, and candles. "People brought regional foods like squash, cooked sweet potato, corn *gorditas* sweetened with sugar, ripe *chilacayote*, guavas, oranges, limes, plantains, and apples," says Bertha Alicia Cruz Ramon. The gifts represented *Tata Kuerap'iri* and *Nana Kuerap'iri*, the father and mother of Creation. This belief is still held today in some villages.

According to her, owners of a home come out with two or three kilos of batter for *tamales*, corn leaves, and *apatakua* made of red *mole*, beef, and chopped onion. As re-payment for gifts, they give these ingredients away to visitors so they make their own *tamales*. This tradition continues throughout the first of November, and women are seen coming and going continuously from the homes where celebrations are being held.

On Day of the Dead, the aromatic dishes are offered to the deceased first, so that he or she may take advantage of the symbolic flow of nutrients coming from the altar. The physical part of the food is later consumed by relatives and friends.

Bertha Alicia Cruz Ramon recalls that during her childhood and adolescence, children would go to homes with bunches of flowers to contribute to the celebration: In the early morning hours, children got together to comb the countryside and pick flowers for the arches that adorn the main rooms of the homes. Hosts welcomed the children, invited them in, and offered them seats. Women emerged from the kitchen with steaming *tamales* and offered them to the children in appreciation for the flowers they brought. On some occasions they gave them fruit, which they took from a huge pile on the mat. Today, children still participate in this custom, but it does not have

❀ El Altar-Ofrenda

El objetivo del altar y de la ofrenda es dar la bienvenida a las almas. Se los dedica a la memoria de un familiar fallecido, donde colocan sus platillos favoritos y objetos que le pertenecieron en vida, con el propósito de que los disfruten una vez más al regresar al hogar.

En el altar no debe faltar la representación de los cuatro elementos primordiales de la naturaleza:

Tierra, representada por sus frutos que alimentan a las ánimas con su aroma.

Viento, representado por algo que se mueva, tan ligero como el viento, empleándose generalmente papel picado o papel de china.

Agua, un recipiente para que las ánimas calmen su sed después del largo camino que recorren para llegar hasta su altar.

Fuego, una vela por cada alma que se recuerde y una por el alma olvidada.

En la ofrenda también se coloca sal que purifica, *copal* para que las ánimas se guíen por el olfato, flor de *cempasúchitl* que se riega desde la puerta de la casa hasta el altar para indicar el camino a las almas, así como un petate al pie del altar-ofrenda para que las ánimas descansen después de su largo recorrido de regreso al hogar. Siempre hay alguien de la familia esperando la llegada de ellas, demostrando con su compañía el amor y respeto que le profesan.

the same appeal as it once did according to Bertha Alicia. She says children no longer gather the flowers specific to the celebration; they offer other ones that have been adopted instead.

A game of stealing fruit and food from baskets and trays is still recalled by some of the people in San Lorenzo. Years ago, rebellious children and teens named *pichacuticha* would steal food from the tombs taking advantage of the celebration to carry out pranks. They were scolded by parents and grandparents alike. The game was frowned upon because the custom is to give offerings to the deceased before relatives and friends partake.

❀ The Altar and the Offering

The purpose of the altar and the offering is to welcome the spirit. They are dedicated in memory of the deceased. Favorite culinary dishes and treasured items are placed at the altar or around its foot for the souls to enjoy when they return. The four main elements of nature—earth, wind, water, and fire—are always included:

Earth is represented by crop — Natives believe the souls are fed by the aroma from special dishes prepared using food from a new harvest.

Wind is represented by a moving object — *papel picado* or tissue paper is commonly used.

Water is placed in a container in order for the soul to quench its thirst after the long journey to reach the altar.

☼ Preparativos para la Vigilia

Desde tempranas horas del primero de noviembre se pueden ver los hogares, restaurantes y centros de venta de artesanías adornados con flores amarillas. Una ondulante acentuación de color producen las redes de los pescadores en Janitzio, que entretejidas con *cempasúchitl*, cuelgan de los techos. Durante este día, la actividad en los hogares se desarrolla en forma intensa preparando las viandas que se colocan en el altar-ofrenda.

☼ Cacería de Patos — *Kuirisi-Atakua*

Entre los platos que se preparan para esta ocasión está el pato condimentado. Para cumplir con la tradición es necesario participar en su cacería, que desde fechas inmemoriales practican los habitantes de los pueblos y de las islas del lago. Ellos salen en canoas hechas de una pieza de troncos de árboles grandes, armados con fizgas, una especie de arpón que lanzan con gran destreza derribando patos en pleno vuelo. Estas aves son ricamente condimentadas y sirven para las ofrendas de las ánimas. Una vez preparadas, se colocan junto a otras viandas en platillos sobre manteles artísticamente bordados que se extienden cubiertos de pétalos de flores encima de los sepulcros.

Fire is represented by the wax candle — one lit candle represents a soul. An extra candle is usually placed for a forgotten soul.

Furthermore, *cempasuchitl* flowers are spread to make a path to the altar; salt is included on the altar for purification; and copal is burned to guide the souls with its aroma. Lastly, a mat is placed at the foot of the altar for the soul to rest after his or her journey.

☼ Preparations for the Vigil

During the early hours of November first, there is a lot of preparation in homes, restaurants, and stores. In Janitzio, fishing nets are hung from the ceilings and intertwined with *cempasuchitl* flowers. Women begin to prepare regional dishes to include in the offerings for the departed souls.

☼ The Duck Hunt —*Kuirisi-Atakua*

One of the dishes prepared for this occasion in the Lake area only is spiced duck. A long-standing tradition, islanders and villagers join in the hunt for wild ducks. The villagers go out in canoes carved from a single log. They launch spears from their boats with great skill and accuracy, hitting the ducks in flight. These birds are then plucked, heavily spiced, and boiled. The dish is then placed on the altar for a time before taking it to the cemetery. At the cemetery, an embroidered cloth is placed over the tomb and the tomb is covered with petals. The duck dish is placed on top along with other culinary dishes.

Día de los Muertos ❀ Pasión por la Vida

Colores de Poesía – Villancico

La muerte tiene un color
y la vida tiene dos
si yo tengo más de tres:
es porque ella tiene todos.

Dime mujer ataviada
con tu rebozo ermitaño;
¿por qué la muerte hace daño
vistiendo tan adornada?
Hay belleza en tu mirada
si miras alrededor
ves la muerte en su color

y sabes que tiene más
que es de tierra la mirada,
verde, blanca encrucijada
donde entregas lo que das,
por donde vienes te vas
y en los colores del sol
vas recogiendo uno y dos

negro y morado atavío
y azul y blanco, cual risa
que al tropezar con la prisa

se desdibuja el tejido,
lo que vale es lo sentido
de la cabeza a los pies
y yo tengo más de tres

amarillo, rojo, verde,
anaranjada la esencia
y una especie de vivencia
que entre los fondos se pierde,
es como un perro que muerde
y arranca raíz y lodo
a ella que lo tiene todo:

cielo, tierra, algarabía
y su muerto allí enterrado
y el amor, tan encontrado,
y la vida, su alegría
es color de poesía:
matices para los modos
y ella los expresa todos.

Julie Sopetrán
(Poetisa española)

The Colors of Poetry – Christmas Carol

Death has one color
life has two
if I have more than three:
It's because she has all of them.

So tell me well-dressed woman
with your hermit shawl;
why does death cause so much pain
so colorfully dressed?
There is beauty in your gaze
if you look around you
you'll see death in its own color

and you know it has more
because it is made out of earth
    in its gaze,
green, white and of crossroads
where you give what is left,
where you end up is where
    you start
in the colors of the sun
as you pick them one or two

black and purple dress
as well as blue and white,
    any laughter

that upon stumbling trying to rush
blurs weaving on the fabric,
what remains is the feeling
from your head to your toes
and I have more than three

yellow, red and green,
orange like the essence
and an array of life experiences
that gets lost in the depths,
is like a dog that bites
and uproots the grass and mud
to her who has everything:

heavens, earth, gibberish
and her deceased buried there
and love, so conflictive,
and life, its happiness
is the color of poetry:
to each its own
and she expresses them all.

Julie Sopetran
(Spanish poet)

81

 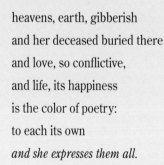

JIMBANKUA EN LA
Meseta P'urhepecha

JIMBANKUA IN THE
P'urhepecha Plateau

La Región de la Meseta P'urhepecha

Es un placer dejarse llevar por los caminos que se abren ante la mirada, sobre todo aquellos que conducen hacia los pueblos aledaños a Uruapan. Alejándose unos pocos kilómetros de esta ciudad, la Meseta P'urhepecha, cubierta con árboles de ahuacate y plantas de maíz, rodeada de una cadena de montañas, presenta un paisaje que se eleva de las planicies.

Las poblaciones de la meseta parecen estar detenidas en el tiempo. El llegar a ellas representa la clara posibilidad de encontrarse con tesoros culturales, que sus pobladores guardan con especial esmero. Su gente valora sus tradiciones y conserva testimonios de lo que fueron los primeros pasos dados por los evangelizadores para establecer el culto de la religión Católica en la región. Como prueba están las capillas del siglo XVI, donde las manos indígenas plasmaron la visión española a través de su propia cosmogonía, visible en los artesones de estos centros religiosos, sin percatarse que al hacerlo se obtenía un sincretismo — fusión de prácticas religiosas pertenecientes a diversas culturas— cuyas creencias prehispánicas se mantienen presentes en la vida diaria de sus habitantes.

En varias poblaciones de la Meseta P'urhepecha se encuentran capillas que permanecieron en el aislamiento hasta hace sólo pocas décadas. Después de la explosión del Volcán Paricutín en 1943, se construyó una carretera para tener un acceso más fácil al área y fue así como muchos de estos centros religiosos salieron a relucir por su valor histórico y cultural y sobre todo por la belleza de sus artesones. Estos cielos pintados, como son llamados los artesones, son tablones de madera que cubren las capillas en la parte interior, debajo del techo, en los cuales los indígenas pintaron imágenes religiosas representando la letanía Mariana, para que así los creyentes que no sabían leer pudieran seguir las oraciones. Las capillas del siglo XVI son complejos compuestos por una *huatápera* o *iuritzio*, patio y cruz atrial y una capilla de vocación Mariana dedicada a la Inmaculada Concepción.

85

The Region called P'urhepecha Plateau

What a pleasure to travel the paths that open before one's gaze, especially if they lead to the villages bordering Uruapan. A few kilometers outside of this city, the P'urhepecha plateau, covered with avocado trees and corn, located in the Sierras of Michoacan, rises above vast plains.

The villages seem frozen in time, and reaching them offers the clear possibility of discovering numerous cultural treasures. These are people who value their religious and cultural beliefs. There is evidence, however, that evangelists established the Catholic religion. The chapels from the 16th century stand as proof, and that is when indigenous hands married the Spanish vision with their own cosmogony. Without knowing it, a syncretism — the fusion of both beliefs — was established. Since then pre-Hispanic beliefs have been kept alive in the daily lives of inhabitants despite major Spanish influence.

Chapels that remained in isolation until only a few decades ago can be found in several P'urhepecha plateau villages. After the Paricutin volcano exploded in 1943, a highway was constructed for easier access, and many of the religious centers began to shine for their historic and cultural value, especially for the beauty of their coffered ceilings. These painted ceilings are wooden planks covering the interior of the chapel's roof on which indigenous people painted religious images, so believers who couldn't read could follow the prayers. Each center is a complex composed of a small building called the *huatapera* or *iuritzio*, a courtyard, an atrium cross, and chapel dedicated to the Immaculate Conception. The *huatapera* was used as a hospital, mortuary, and a place of worship, depending on

Los edificios de las *huatáperas* se caracterizaron por su importancia en la vida de las comunidades. Fueron hospitales, velatorios, lugar de adoración y de reunión donde los miembros del Concejo de Ancianos sesionaban para tomar decisiones de importancia concernientes a sus pueblos.

En la actualidad los artesones están siendo restaurados con el propósito de salvarlos de los estragos del tiempo. De las capillas que los guardan es de donde comienzan y finalizan varias celebraciones, como lo veremos al relatar los rituales de Día de los Muertos, conocido también en esta área como *Jimbankua*, la fiesta que honra a sus muertos con flores.

❁ Uruapan

La segunda ciudad en importancia del estado es conocida como la Capital Mundial del Aguacate. Uruapan es la puerta de entrada a la Meseta P'urhepecha. Esta ciudad ofrece mucho al visitante que llega buscando un sitio donde reposar su espíritu. La belleza natural del Parque Nacional Barranca del Cupatitzio "Eduardo Ruiz" y "La Tzaráracua" son dos lugares que hay que visitar por su belleza.

El municipio de Uruapan fue eminentemente indígena en su formación. Los nueve barrios que conformaron en sus inicios esta ciudad fueron parte de diferentes pueblos. Al llegar a Uruapan Fray Juan de San Miguel en el siglo XVI, los invitó a que se reunieran con el objetivo de evangelizarlos. En Uruapan no se prohibía a los habitantes sus manifestaciones culturales, sus creencias no se eliminaron de tajo como sucedió en Morelia, Zamora, Pátzcuaro y otros lugares. Esta ciudad fue diseñada para que cada barrio fuera autónomo, distinguiéndose el uno del otro.

the needs of the community. Members of the Elder Council would also meet there to make important decisions concerning their villages.

Today the coffered ceilings of the chapels are being restored with the purpose of saving them from the ravages of time. The chapels that house them are where important celebrations start and finish, as we will see in the telling of Day of the Dead, also known as *Jimbankua* in the P'urhepecha Plateau — the celebration of the dead that honors souls with food and flowers.

❁ Uruapan

Uruapan, the second most important city within the state, is also known as the avocado capital of the world. It is the doorway to the P'urhepecha plateau. This city offers much to the tourist who seeks a place to rest. (Parks such as the National Park Barranca del Cupatitzio "Eduardo Ruiz" and "La Tzararacua" are places that must be visited for their natural beauty.)

At one time, Uruapan was eminently indigenous, and when Friar Juan de San Miguel arrived in the 16th century, he invited the indigenous people from surrounding villages to meet in order to evangelize them. These people were not forbidden their own cultural demonstrations as happened in Morelia, Zamora, and Patzcuaro; and because the people's beliefs were not cut off abruptly, these villages, later known as the "nine neighborhoods," still maintain a certain uniqueness.

Since that time, a *mestizo* population arrived with the sugar cane boom. Sugar cane was a basic necessity for mining, and Uruapan became a producer of sugar, an industry established by Spaniards and *mestizos*. *Mestizos* fixed themselves in the center of Uruapan,

Day of the Dead ❀ A Passion for Life

Más adelante comenzó a llegar población mestiza por el auge de la caña de azúcar, materia básica necesaria para las minas. Uruapan se volvió productor de azúcar, una industria que establecieron españoles y mestizos. Pero como la ciudad estaba diseñada para que cada grupo fuera independiente, los nuevos habitantes del centro a su vez establecieron una nueva influencia. Con el paso del tiempo la población mestiza fue aumentando y aunque se conservaron muchos apellidos indígenas, los de los españoles comenzaron a absorberlos y poco a poco sucedió lo mismo con sus costumbres.

Luis Daniel Benites, nativo de la ciudad, narra que alrededor de 1780 ocurrió una revuelta al negarse los indígenas a cumplir con su leva. En esta ciudad había mucha libertad de acción entre sus pobladores, ellos hacían lo que deseaban, a cambio de que por un año prestaran sus servicios en las minas de Guanajuato, de Zacatecas y en las del Bajío que estaban controladas por los españoles. Alrededor de la fecha mencionada, los nativos se negaron a cumplir con la obligación que les habían impuesto, humillando a los que llegaban a buscarlos. Fueron presentadas las quejas en Valladolid, hoy Morelia, y como castigo los españoles dejaron de reconocer a las autoridades indígenas. Esto obligó a que se usara el español en todas las diligencias de negocios y servicios religiosos que antes se hacían en p'urhepecha, incluso los representantes del Cabildo comenzaron a ser españoles y mestizos, iniciándose de esa forma la segregación de los indígenas.

Al llegar la época de la Independencia, en Uruapan ya se hablaba oficialmente el español y en los barrios el uso del p'urhepecha era cada vez menos frecuente. Con la Reforma, debido a que se dio el proceso de separación de la Iglesia y el Estado, Uruapan se perjudicó. Diferente a lo que sucedió durante la Colonia, en la que los españoles reconocían a las comunidades indígenas, con La Reforma les negaron a los comuneros sus formas de organización y los títulos de propiedad, dando lugar a que fueran perdiendo terreno al igual que presencia política y económica.

and these new inhabitants created a new central influence as the *mestizo* population increased. Many *mestizo* last names remain in place today because *mestizo* last names overtook indigenous last names; many are also Spanish. The influence also affected native customs.

Luis Daniel Benites, a native of Uruapan, says that around 1780 a revolt arose when the indigenous people refused to comply with a levy. Uruapans had enjoyed a certain independence. They did what they wished in exchange for serving one year in the mines of Guanajuato, Zacatecas, or Bajio, which were then controlled by Spaniards. But after some time, the natives refused to comply even with that obligation imposed on them. Complaints were lodged in Valladolid, today's Morelia. As punishment, the Spaniards ceased to recognize indigenous authority, and Spanish was forced to be used in all business proceedings and religious services. Moreover, native council members were replaced by Spaniards and *mestizos*, further segregating the indigenous people.

Around the time of the Independence, in Uruapan Spanish was already the official language, and the use of P'urhepecha in each district was minimal. The P'urhepecha people were further harmed by the Reform and separation of church and state. That is, in contrast to what occurred during the colonization, when Spaniards recognized the indigenous communities; now the Reform denied members of the community the right to organize and the right to property titles, giving way to a loss of land as well as political and economic presence.

During the Porfiriato era, integration of other populations and the arrival of immigrants was highly noticeable. The establishment of industries was advocated; thus, thread and fabric factories were born, attracting people from Puebla, Queretaro, and Guadalajara. The indigenous population continued to be relegated, and the use of their language continued to diminish. Social and religious customs of

89

Para la época del Porfiriato el arribo de personas de otras poblaciones se hizo muy notable, con los residentes del sector céntrico impulsando el progreso de Uruapan. Se propugnó el establecimiento de industrias, por lo que empezaron a fundar fábricas de hilados y tejidos, motivando la llegada de gente de Puebla, Querétaro y Guadalajara. La población indígena continuó siendo relegada y el uso de su lengua siguió aminorando. Las costumbres sociales y religiosas de siglos se volvieron cada vez menos importantes, dejando de tener prestigio social el pertenecer a un barrio, porque la población del centro hablaba cada vez más español imponiéndose una nueva forma social. Para la época de la Revolución se hablaba menos el p'urhepecha, aunque la comunidad de afuera era muy grande, también es cierto que los recién llegados se fueron asimilando, participando en las fiestas de los barrios y adoptando ciertas costumbres. En la actualidad de las nueve tenencias que hay en Uruapan, sólo en tres se habla p'urhepecha.

Luis Daniel Benites comenta que sus padres son de la generación del rompimiento con algunas de las tradiciones, una de ellas la celebración de Día de los Muertos. Una parte de su familia es indígena y la otra es mestiza. De acuerdo a su forma de observar la dinámica familiar, ellos rompieron con dichas tradiciones deseando integrarse a la clase media.

"Mis padres no participaban de estas celebraciones, pero habían ciertas cosas que por mi mamá no abandonamos, como eran los festejos de las fiestas patronales. Al morir mi abuelo, mi madre fue al panteón el dos de noviembre y limpió la tumba, pero no hizo nada especial. Cuando murió mi abuela, el primer año mi mamá solamente llevó flores, pero al siguiente año fui y le hice un altarcito y eso me dio mucha paz".

Benites Pérez, con quien entablé conversación en la ciudad de Uruapan, en la Mansión del Cupatitzio donde él y su madre adornaron un altar en memoria del fundador del hotel, don Manuel Monroy Gómez, continúa narrando su reencuentro con la tradición. "Hace diez años murió un tío que por el cariño que sentía hacia él era casi como mi abuelo. Al sentir la proximidad de su muerte, él se preocupó de dejar

centuries past became less and less significant, belonging to a district no longer assured of its social standing since the central population spoke Spanish and imposed new social forms. By the time the Mexican Revolution began, P'urhepecha was hardly spoken, and outside influence was extreme. The new arrivals, however, did participate in some celebrations and adopted certain native customs. But, of Uruapan's nine neighborhoods, P'urhepecha is now spoken in only three.

Luis Daniel Benites of Uruapan says that his parents are of the generation that distanced themselves from Day of the Dead. One part of his family is indigenous and the other part is *mestiza*. According to him the family broke with certain traditions, desiring to integrate into the middle class.

"My parents did not participate in these celebrations, but there were certain things that, because of my mother, we did not abandon such as the local holidays. When my grandfather died, my mother went to the burial place on November second and cleaned the tomb but did not do anything special. When my grandmother died, my mother took flowers the first year. The next year, I erected a small altar and that gave me great peace."

I met Luis Daniel Benites in Uruapan at the Cupatitzio Mansion Hotel on a Tuesday evening as he and his mother adorned an altar in memory of the hotel's founder, Manuel Monroy Gomez. Benites spent time with me and talked of his personal journey back to an old tradition. "Ten years ago my uncle died. He was almost like my grandfather. When he thought death was near, he saw to leaving the firewood prepared for his vigil, without forgetting to select the corn for when he was no longer with us. After he died, I erected an altar for him in my house and adorned it with some of his belongings. It was very powerful to be standing before my uncle, to see his

hasta la leña preparada para su velorio, sin olvidarse de seleccionar el maíz para cuando no estuviera. Le puse un altar en mi casa, adornado con parte de sus pertenencias. Fue muy fuerte estar frente a mi tío, ver su foto y todas sus cosas: su ropa, azadón, hacha y zapatos. Mi mamá se puso muy mal, pero para mí, espiritualmente, representó mucho. Invité amigos para que fueran a ver el altar, repartí pan y cuando todo terminó me sentí en paz y por fin pude despedirme de mi tío. Pude decirle 'ya vete, ya estás allá, yo estoy acá y voy a seguir'. Fue como cerrar un ciclo que me permitió sentirme a gusto. Fue entonces cuando entendí por qué hacen los altares y el por qué del ritual de Día de los Muertos. Es la oportunidad que tienes de despedirte de tu ser querido. Nuestra cultura aporta al mundo una creencia que va más allá de la parte visual, es una demostración de nuestra pasión por la vida. Es casi como decirle a la persona que se fue: 'Estás muerto, pero te hago regresar porque yo estoy vivo. A través del altar y las ofrendas que pongo, te traigo de nuevo, porque necesito cerrar el ciclo y finalmente dejarte ir'. Indudablemente comparto esta tradición para enseñarles a otros como quedar en paz".

✿ *Jimbankua* en Charapan

A la llegada de los españoles, los p'urhepechas, contemplativos de la paz, no dieron una batalla sino que en forma pacífica fueron sometiéndose a las ideas de los conquistadores. Sin embargo, algunas de las poblaciones se ubicaron en lo alto de las montañas cubiertas de bosques, sin caminos, lo que le dificultó a los españoles viajar a buscar a los habitantes que estaban remontados en la sierra. De todas formas, los indígenas llevaron a los españoles a los lugares donde se habían asentado estas poblaciones, tomándolas en forma pacífica.

Desde Uruapan tardaban días para llegar a los poblados esparcidos en la sierra y les demoró años establecer las encomiendas y asignar los encomenderos. Fue así como algunos de estos pueblos preservaron su cultura, conservando intactas sus creencias.

 92

photograph and all his things – his clothes, a large hoe, ax, and shoes. My mother broke down, but spiritually, for me, it represented a great deal. I invited friends to see the altar, I distributed bread, and when everything was over, I felt very much at peace. I was finally able to say goodbye to my uncle. I was able to say, 'Go now. You are there, I am here, and I will go on.' It was like closing a cycle, which made me feel at ease. That was when I understood why altars are erected and the reason for Day of the Dead. It is an opportunity to say goodbye to your loved one. Our culture brings a belief to this world that goes beyond the visual; It is a demonstration of our passion for life. It is almost like saying to the person that has gone, 'You are dead, but I made you come back because I am living: Through the altar and the offerings I place here, I bring you back again because I need to close the cycle and finally let you go.' I share this tradition to show others how to obtain peace."

✿ *Jimbankua* in Charapan

When the Spaniards arrived to Charapan, many of the P'urhepechas, practicing tranquility regularly, did not put up a fight and submitted to the Spaniard's will. Some of the population, however, had settled in the upper part of the mountains, which were blanketed by forests and had no roads. This made it difficult for the Spaniards to travel and find some of the villages. Eventually indigenous people lead the Spaniards to these other villages, and the Spaniards took them over as well. But because it took days to travel from Uruapan to all the scattered villages in the mountains and because it took the Spaniards years to establish the *encomiendas* and to assign the *encomenderos*, some of these villages were preserved and their rituals continue to be intact.

Día de los Muertos ❧ Pasión por la Vida

Desde antes de la conquista, Charapan fue un pueblo p'urhepecha muy importante. Primero, por su clima y vegetación en abundancia y segundo, por su ubicación estratégica. Cuenta con una población de aproximadamente 6,000 habitantes, conservando el 60% de sus trojes y dos capillas del siglo XVI, además de una iglesia del siglo XVIII. Al igual que Uruapan, esta población estuvo dividida en barrios con sus respectivas capillas.

José Aguilar Rincón, nativo de Charapan, narra la manera cómo se celebra la tradición de Día de los Muertos en esta población. Aquí también hay la costumbre de hacer un altar con las cosas que más le gustaban a los niños, jóvenes o ancianos que han fallecido en el año en curso. Se hace la velación hasta cierta hora de la noche, lo cual difiere con el área lacustre, donde se realiza durante toda la noche.

Los parientes y amigos acompañan a los familia del difunto al igual que el resto del pueblo, quienes van a visitar el altar que está expuesto, llevando una veladora, algo de comida, café, vasos, platos, azúcar o una ayuda económica, como una aportación a los gastos que enfrentan los dueños de la casa. Eso se hace en el transcurso de la noche del 31 de octubre si es para los niños y los jóvenes, o durante la noche del día primero de noviembre para los adultos. Las ofrendas dedicadas a los niños se adornan con dulces, pan y juguetes de barro de Ocumicho, pueblo artesanal de la Meseta P'urhepecha de Michoacán.

Al igual que en San Lorenzo, el altar se pone en la víspera de la celebración de muerto nuevo. Tanto los familiares como los amigos se encargan de hacer la cruz de madera, tallando el nombre del difunto en ella. Se usa únicamente la madera de ocote, el cual es el corazón del pino viejo llamado *yarín* en p'urhepecha. Es un tipo de madera que suelta mucha resina lo que hace que dure mucho. Hay que anotar como algo característico de Charapan que esta labor se hace velando junto al altar, ya sea la noche del 31 de octubre si se trata de un niño o un joven al que se le llama angelito, o el primero de noviembre si se trata de un adulto. Al día siguiente llevan la cruz al panteón.

Before the conquest, Charapan was a well established P'urhepecha village: First because of its climate and abundant vegetation and second because of its strategic location. Today, its population is approximately 6,000 inhabitants. Sixty percent of the *trojes*, two chapels from the 16th century, and a church from the 18th century have all been preserved. Similar to Uruapan, Charapan was divided into sections with respective chapels.

Jose Aguilar Rincon, a native of Charapan, recounts the tradition of Day of the Dead and how it is celebrated in his village. Here, too, the custom of erecting an altar and adding things that those who have died cherished most is still practiced. A vigil is also kept late into the night. This differs from the lake region where it is kept until dawn.

Relatives and friends accompany the deceased's family to the altar, taking with them a lamp, food, coffee, glasses, plates, sugar, and money. Money is given as a donation to help with the costs incurred by the family that hosts the celebration. The ritual is practiced on the night of October 31st if the deceased was a child or a teen and on the night of November first if it was an adult. Altars for the children are garnished with candy, pastries, and clay toys usually bought in Ocumicho, a P'urhepecha village that specializes in such crafts.

Like San Lorenzo's custom, the altar is erected on the eve of the celebration for the newly dead. Family and friends construct a wooden cross etched with the name of the deceased. Only *ocote* wood is used, a wood obtained from the heart of an old pine tree. This wood is called *yarin* in P'urhepecha. It excretes a large amount of resin and lasts a long time. Characteristic of the Charapan tradition, the cross is made while keeping a vigil next to the altar on the night of October 31st if it is for a youth or November first if it is for an adult. The next day the cross is taken to the burial site.

En el momento que se realiza la sepultura levantan un pequeño montículo sobre la fosa, pero no colocan la cruz ya que los familiares esperan para hacerlo, de acuerdo a la costumbre, durante la celebración de Día de los Muertos. En el panteón se arriman las cruces alrededor de la capillita provisional, para que después de la misa que se celebra a las doce del día, las bendiga el sacerdote. Luego, un miembro de la familia la lleva hasta la tumba donde previamente se ha cavado un hueco para colocarla y permanece allí hasta que se desintegra. Los arcos se llevan también a las tumbas.

Se preparan nacatamales y buñuelos para quienes acompañan durante la noche en la velación del altar. Es muy significativo el intercambio que se da, puesto que al visitante que llega con una vela o contribución de otra clase, le retribuyen con buñuelos y una bolsita con tamales. La casa está abierta toda la noche y al día siguiente se llevan parte de las ofrendas al panteón. Si hay personas que no acudieron a la velación en el hogar, van al cementerio con su aportación y allí los familiares les ofrecen buñuelos y nacatamales. La familia permanece en el camposanto hasta entradas horas de la tarde.

José Aguilar Rincón comenta que a partir de la década de los sesentas ha habido un cambio en cuanto a la forma de ser y de vivir de las comunidades p'urhepechas. "Es como si nuestra cultura hubiese comenzado a perderse. Somos varios los que estamos haciendo todo lo posible por rescatar lo nuestro". Él puntualizó específicamente el hecho de que hay muchos jóvenes que no hablan el p'urhepecha, aunque lo entienden. "Es una situación que se ha dado por la falta de precaución de los padres de trasmitirlo a sus hijos", observa él. Refiriéndose a la artesanía propia de la región, el uso del gabán ya se está perdiendo, así como cierto tipo de huarache que era propio de cada población y que por su estilo servía para identificar a quienes lo llevaban como de una población u otra.

Entre las creencias generalizadas que existen sobre los p'urhepechas, se sabe que eran sepultados con un perro bermejo, de pelambre amarillo. Cada persona debía tener uno desde joven y si se moría el animal tenía que reemplazarlo. Al fallecer su dueño, el perro era

At the burial site, a mound is made over the grave, but the cross is not placed on it yet. According to their custom, they must wait for the celebration of Day of the Dead. Before, the crosses are gathered around a provisional chapel so the priest can bless them after the noon mass. Afterwards, a member of the family places the cross on the tomb where a hole has been dug, and there it remains until it disintegrates. Arches are also taken to the tombs.

Nacatamales and *bunuelos* are offered to guests who visit families keeping a vigil that night. Anyone who arrives with a candle or contribution is repaid with *bunuelos* and a small bag of *tamales*. The house is open all night, and the next day all the offerings are taken to the burial site. If someone was unable to attend the vigil at the house, he or she may come to the cemetery with their contribution, and the family will offer them *bunuelos* and *nacatamales*. Families remain at the cemetery until late in the afternoon.

Jose Aguilar Rincon says that there has been a dramatic change in the way of life among the P'urhepecha villages since the 1960's. "It's as if our culture has started to lose itself. There are several of us doing everything possible to try to rescue what is ours." He specifically pointed out that there are many young people who do not speak P'urhepecha now, though they understand it. "It's a situation that has arisen because of the lack of care on the part of the parents to teach it to their children," he concludes. Referring to handcrafts particular to that region, the use of the outer wrap is diminishing and certain types of sandals particular to the villages and whose designs serve to identify the villagers are being worn less frequently.

There was also a generalized belief that the dead were buried with a brown dog with yellow fleece. Each person was to have one in youth; and if the animal died, it needed to be replaced. When an owner died, the dog was buried with him/her because it was believed

Day of the Dead ✿ A Passion for Life

Día de los Muertos   Pasión

enterrado con él porque se decía que el animal puede ver en la noche y cruzar el río oscuro que debe atravesar el alma. Además, no sólo lo guiaba a la otra vida sino que el perro lo acompañaba de regreso a ésta, cuando cada noviembre regresaba el alma a recibir el homenaje de amor y respeto que le rendía su familia.

Los preparativos de esta fiesta mantienen a las personas muy ocupadas y generan una derrama económica muy fuerte, comenta la profesora Silvia Huanosto, residente en Uruapan. Comienzan desde los primeros meses del año y una de las actividades principales de la celebración se da en el campo de la agricultura, específicamente con el sembrío de la flor de *cempasúchitl*, en junio. A partir de ese mes se prepara la tierra, se abren los surcos, se forman los almácigos y luego se pasa la planta al suelo para cuidarla durante semanas, hasta que florece en octubre. Otra actividad que se da en los hogares, preparándose para la fiesta de muerto nuevo, es que la señora que va a poner el altar, comienza a bordar las servilletas y a arreglar una canasta desde que muere su familiar".

❀ *Jimbankua* en Ziracuaretiro

Ziracuaretiro, localizada a 20 kilómetros de Uruapan, es una población cuyo nombre en lengua p'urhepecha significa "Lugar donde termina el frío y empieza lo caliente". Fue fundado antes de la llegada de los españoles y es un lugar propicio para el cultivo de frutas. En el Municipio, compuesto por varias poblaciones pequeñas, viven aproximadamente 12,800 habitantes. San Ángel Zurumucapio es una de ellas, en la que nos enfocamos en la sección titulada Los Caballitos enrosados. Aquí se conserva íntegro ese ritual desde la época prehispánica. Las ofrendas del lugar reflejan el sentimiento de amor al elaborar los platillos que le gustaban a la persona fallecida, como la calabaza cocida en dulce, mole y sobre todo los platos de la gastronomía típica de la región: el churipo y los nacatamales. El churipo, comida tradicional en las celebraciones importantes, es un caldo que se prepara a base de chile rojo, carne y verdura. En muchos hogares se sacrifican terneros para dar de comer a los visitantes que llegan a ofrendar al muerto nuevo.

the dog could see at night and could take the souls across the dark river. Also, not only did the dog guide him/her to the other life, but it accompanied the soul on the return trip when it came back each November to receive a tribute of love and respect from the family.

"The rituals for Day of the Dead keep people busy planning for the celebration," observes professor Silvia Huanosto, from Uruapan. "People start preparing months beforehand, and one of the main activities is agricultural, specifically the planting of the *cempasuchitl* flower. This is done each June. The soil is prepared, the furrows are dug, and the plantations are formed. The plant is then transferred to the ground to be tended until it blooms in October. Other activities performed in the homes in preparation for Day of the Dead are the embroidering of napkins and the making of baskets as soon as a relative dies. This is typically done by the women."

❀ *Jimbankua* in Ziracuaretiro

Ziracuaretiro, situated twenty kilometers from Uruapan, is a village whose name in P'urhepecha means "place where the cold ends and the warmth begins." It was founded before the arrival of the Spaniards, and it is an apt place for the cultivation of fruit. About 12,800 people live in the surrounding areas today, which are composed of various smaller villages. San Angel Zurumucapio is one of these villages and is also referred to in the section called Rose Decorated Horses. Here, the tradition of Day of the Dead has a unique ritual that has remained intact since the pre-Hispanic era. The offerings reflect the sentiment of love, and dishes such as pumpkin cooked in sugar, *mole, churipo*, and *nacatamales* are prepared. The *churipo*, a traditional dish in this important celebration, is a broth prepared with red *chile*, meat, and vegetables. In many homes, calves are sacrificed to feed visitors who arrive with gifts.

Carlos Sandoval Portugal, nativo de Ziracuaretiro conversa que cuando van a enterrar a alguien, después que lo han velado, al sacar el feretro, algunas personas se quedan en la casa incitando al alma a dirigirse al panteón. Lo invitan a que se vaya con frases como "Vámonos, no te quedes, tienes que descansar y estar con Dios. Vete, porque de lo contrario no vas a tener un descanso eterno". Suponen que si no le hablan, el alma del fallecido permanece en el que fue su hogar y solamente se llevan el cuerpo. La costumbre de llamar el alma del muerto para que "no pierda el camino" es narrada con detalles similares en el entierro del último gobernante p'urhepecha a la llegada de los españoles, por lo que es una costumbre prehispánica que todavía se practica.

Carlos Sandoval Portugal comenta también sobre la costumbre de llamar angelitos a los niños que fallecen, lo mismo que a las personas que no se casaron y que mueren vírgenes. Si son adultos los llevan a enterrar en una caja blanca desde la casa, pero si son chiquitos los llevan al cementerio en una mesa adornada con flores y papel picado. Al angelito lo visten de blanco y le hacen una corona de la palma que bendicen el Domingo de Ramos, al inicio de la Semana Santa. La mesa donde lo llevan hasta el cementerio es cargada por niños y una vez que llegan a su destino colocan al niño o niña en su respectiva cajita blanca adornada con hilos dorados. No celebran misa para ellos porque se supone que son inocentes y que van directamente al cielo.

❀ Los Caballitos enrosados de Zurumucapio

Característico de San Ángel Zurumucapio es la costumbre de hacer los caballitos enrosados, dedicados a quienes murieron en el año en curso. Son varios los miembros de la comunidad que se dedican a esta labor, encabezados por don Samuel Maximiliano Rivera. El día anterior a la fiesta de los muertos, los hombres arman el cuerpo de los caballitos con varas, luego en la noche, durante la velación junto al altar los enrosan, aunque en algunas ocasiones usan claveles.

100

Carlos Sandoval Portugal, a native of Ziracuaretiro, says that when someone is to be buried, after the vigil and after the coffin has been removed, some relatives stay in the house inciting the soul to head in the direction of the burial place. They invite it to go using phrases such as, "Let's go; don't stay; you have to rest and be with God. Go because if you don't, you won't have eternal rest." They assume if they don't speak to it, the soul of the deceased stays in the home, and only the body is taken. The custom of speaking to the soul is recorded in the details of the burial of the last P'urhepecha governor, and this pre-Hispanic custom remains alive today.

Carlos Sandoval Portugal also describes a custom of calling children who have died "angels," as well as the custom of calling people who never marry and die "virgins." If they are adults, the "virgins" are taken from the house to the cemetery in a white box; but if they are children, the "angels" are taken to the cemetery on a table adorned with flowers and notched paper. A child is dressed in white and given a crown of palm leaves blessed on Palm Sunday at the beginning of Holy week. Children carry the table on which the "angel" rests, and once at the cemetery, the child is placed in a little white box adorned with gold threads. There is no mass because it is assumed that the child was innocent and goes directly to heaven.

❀ The Rose Horses of Zurumucapio

Distinctive to San Angel Zurumucapio is the tradition of making small rose-decorated horses and dedicating them for those who died during the year. Several members of the community dedicate themselves to this work. The day before the celebration of the dead, men put the bodies of the horses together with rods; that night, during the vigil and next to the altar, they decorate them with roses. Sometimes carnations are used instead of roses.

Según Rita Caballero Ochoa, nativa del área, se trata de una costumbre que varias personas del pueblo mantienen viva sobre la forma de elaborar los caballitos, una tradición transmitida de generación en generación. A don Samuel por ejemplo se la enseñó su padre y ahora él le muestra a sus hijos cómo hacer el armazón y luego cubrirlo con flores.

De acuerdo al número de muertos nuevos en el pueblo, los hombres se ponen de acuerdo con los familiares de los fallecidos, estableciendo una ruta para ir de casa en casa haciendo el armazón con varas de laurel, que se atan con cáñamo. El grupo se compone de alrededor de 18 a 20 personas que arman la cabeza, el cuerpo y la cola del caballito, para a continuación ensamblar lo que cada uno hizo. Cuando llegan a la última casa lo enrosan de una vez para luego hacer un segundo recorrido por las casas donde ya hicieron el armazón, para llenarlos de flores. La enrosada se hace en la noche para que las flores mantengan la humedad y se vean frescas al día siguiente cuando llevan el caballito al cementerio.

Al terminar la enrosada lo colocan en una mesa y tanto el altar como el caballito se convierten en el centro de atención de los deudos quienes lo velan con cirios encendidos y rezan alrededor de él invocando el alma del fallecido. Por otro lado, desde muy temprano, las personas en las casas se preparan cortando leña, cocinando las verduras y haciendo las tortillas, para ofrecer estos alimentos a quienes colaboran en el arreglo del altar, en la hechura y enrosado del caballito y para atender a los visitantes que llegan a acompañarlos durante toda la noche. Esta actividad, al igual que todas las relacionadas con los preparativos de Día de los Muertos o *Jimbankua*, es parte de la fiesta dedicada a la persona fallecida.

En San Ángel Zurumucapio, el caballito es un elemento clave en la celebración, tan importante como el altar donde se colocan las ofrendas. Al igual que en las poblaciones cercanas, la noche del 31 de octubre se dedica a honrar la memoria de los angelitos con la visita al panteón en la mañana del primero de noviembre. Luego, esa noche está dedicada a los adultos con la celebración en el cementerio el dos de noviembre.

According to a local woman, Rita Caballero Ochoa, making the little horses is a tradition that people in the village keep alive, a tradition brought down from generation to generation. That is, Don Samuel's father showed him, and now he shows his children how to build a frame and cover it with flowers.

Depending on the number of dead in the village, the men establish a route to go from house to house and build the frames with laurel rods that are then tied together with hemp. Eighteen to twenty men design one frame: the head, the body, and the tail and then assemble the parts. Next, they decorate the frames with flowers, starting with the last house and finishing with the first house. Placement of the flowers is done at night, so they stay fresh for the next day when the horses are taken to the cemetery.

After decorating a horse, the horse is placed on a table, and both the altar and the horse become the center of attention. Relatives keep vigil over the deceased with lit candles: They pray, invoking the soul of the deceased. The next morning people start very early and organize firewood, cook vegetables, and make tortillas; they offer food to those who helped with the altar, decorated the horses, or stayed with them during the night. This ritual, like all of the ones related to Day of the Dead or *Jimbankua*, is part of a celebration dedicated to the dead.

In San Angel Zurumucapio, the wooden horse is a key symbol in the celebration. It is as important as the altar. Similar to other villages, the night of October 31st is dedicated to the memory of the children, with a visit to the burial site on the morning of November first. The night of November first is dedicated to the adults with a celebration in the cemetery on November second.

104

Los altares se hacen en tres planos: en el primero, que es el superior, se honra la parte espiritual en el que colocan las imágenes de los santos y la foto del fallecido alumbrándolo con velas y matizando con flores de color morado. Le sigue el plano material que es el intermedio, allí ponen los alimentos. El tercero queda en el suelo y representa el submundo, en el que habitan los difuntos. Se adorna con las pertenencias del fallecido, colocando también un vaso con agua en este nivel.

En el hogar de los Portugal Ávila tuve el privilegio de convivir con la familia durante la velación, tanto en la casa como en el cementerio, en honor de la niña Selene Guadalupe Portugal. Amigos y familiares participaron en la preparación de los alimentos y en la decoración del altar adornado con globos blancos y rosados, en donde varias fotografías de diferentes momentos en la vida de Selene mostraban hacia ella el amor de sus padres, abuelos y hermanos.

La mañana del primero de noviembre la banda interpretó varias canciones junto al altar. Al concluir los músicos, el caballito que se encontraba en una mesa cercana, cubierto de flores blancas con la cabeza decorada con flores moradas, cargado de plátanos, pan de muerto, manzanas, dulces de chocolate y cuatro velas grandes colocadas en la parte superior, fue levantado por dos hombres jóvenes. Ellos atravesaron un palo por el arco de metal colocado en la parte superior del armazón, lo pusieron sobre sus hombros y comenzaron la caminata hacia el cementerio, acompañados por los familiares y la banda que continuaba interpretando música de la región.

Junto con el caballito, los familiares llevaron al cementerio en bateas y "chundes" — canastas de carrizo — el pan, la fruta y los platillos que habían preparado, cubiertos con servilletas bordadas para la ocasión. Con pétalos de *cempasúchitl*, que niñas de la familia iban dejando caer durante el recorrido, se marcó el camino desde la casa hasta la tumba en el panteón, donde colocaron el caballito, encendieron las veladoras y cubrieron el sitio, donde descansa la pequeña Selene, con las ofrendas de fruta que los amigos

Accordingly, the altars are built on three planes: on the first, which is the top plane, the spirit is honored. It is where statues of saints and pictures of the deceased are placed. Candles are lit and purple flowers are scattered there as well. A second, material plane follows and is the intermediate plane where food is placed. The final plane is on the ground and represents the underworld where the soul lives. This plane is adorned with the deceased belongings. Water is placed there as well.

I arrived at the home of the Portugal Avila family during the preparations and stayed for the vigil. I attended both the ceremony at the house and in the cemetery to honor their child Selene Guadalupe Portugal. Relatives and friends cooked and decorated the altar with white and pink balloons. Several photographs of Selene were on display to show how much her parents, grandparents, and siblings loved her.

The next day a band played songs next to the altar. When the musicians were done, two men lifted a small horse decorated with white and purple flowers, bananas, *pan de muerto* (bread of the dead), apples, and chocolate candies. Four large candles clung to the top. They placed a stick through a yoke tied to a metal arch on the frame. The men placed the horse on their shoulders and began the march to the cemetery accompanied by relatives and the band, which continued playing regional songs. Relatives took bread, fruit, and other dishes they had set on trays and in reed baskets, all covered with embroidered napkins for the occasion. A path from the house all the way to the tomb was marked with *cempasuchitl* petals, dropped by the girls of the family along the way. On the tomb, they placed the horse, candles, and covered the area with offerings. Music and prayers alternated over a long period of time. The sorrow for a life cut so short was palpable in the wails of the parents, grandparents, and friends. When it was over, everyone walked the path towards home; the horse returned with them as a momento of the ritual.

transportaron desde su altar. La música y las oraciones se alternaron durante largo rato. El dolor por esta vida truncada tan joven era palpable en los lamentos de sus padres, abuelos y amigos. Al concluir, todos volvieron a recorrer el camino de regreso al hogar y el caballito volvió con ellos como un recuerdo del ritual de la fiesta de muerto nuevo.

Hay que anotar que San Ángel Zurumucapio es un pueblo con tradición musical muy remota. Se dice que es el lugar con la mayor cantidad de bandas en el estado. Prácticamente toda la población está dedicada a la música, comentándose, medio en broma y medio en serio, que cuando nacen los niños llegan con un instrumento musical bajo el brazo.

❁ *Jimbankua* en San Pedro Zacán

En San Pedro Zacán ubicado a 37 kilómetros de Uruapan, y donde visitamos varias casas admirando los altares de muerto nuevo, tuvimos la oportunidad de conversar con el profesor Dagoberto Huanosto, en cuyo hogar se rendía homenaje a la memoria de un pariente suyo. Él comentó que la celebración se mantiene como parte de la tradición oral que ha sido transmitida de padres a hijos. El objetivo es honrar la memoria de un ser querido. No existe el dato exacto para confirmar que los nativos ya celebraban esto o que se dio a la llegada de los españoles, pero lo significativo es que en Zacán lo hacen con mucha profundidad. "Para mí es algo que tiene que ver con la búsqueda del ser humano tratando de encontrar una explicación de a dónde va después que muere, si regresa o no. Es la búsqueda que todos realizamos de una forma u otra. Muchos opinan que la vida se acaba como se acaban todas las cosas. Para nosotros en cambio es un gran consuelo creer y hacer la fiesta de recordación y cariño para ese ser querido, porque tenemos el convencimiento que una vez más viene a convivir con nosotros, que su espíritu se alimenta de lo que se le pone en el altar, al mismo tiempo que la gente de la comunidad viene a ofrendarle, a dar algo y a tratar de convivir con el alma como se lo hacía con la persona en vida. Es el único día que nos brinda la

It should be noted that San Angel Zurumucapio is a village with a rich musical tradition. It is said that it is the place with the most bands in the state; Practically the whole village is dedicated to music. Many say, half in jest, half in earnest, that when babies are born, they arrive with a musical instrument under their arm.

❁ *Jimbankua* in San Pedro Zacan

San Pedro Zacan is located thirty-seven kilometers from Uruapan. Dagoberto Huanosto, scholar and professor in Zacan, said the celebration of *Jimbankua* is maintained through oral tradition. It is evident in Zacan that the celebration is meaningful. The objective is the same: To honor the memory of a passed loved one. He says, "For me, it is something that has to do with a person's search for an explanation of where he or she goes after death, if he or she returns or not. It is a search that we all make in one way or another. Many are of the opinion that life ends as all things end. For us, in contrast, it is a great consolation to continue to celebrate the memory and affection for a loved one after their death. We are convinced that he or she comes to live with us once again, that the spirit feeds on what is placed on the altar. At the same time, the people of the community come with offerings wanting to give something and to live with the soul as they did in life. It is the only day that gives us the opportunity to celebrate as if he or she was still alive. All that you see here represents what we feel, and it is something that moves us profoundly."

In Zacan, it is customary to visit houses with newly dead on November first, starting in the morning. The work is intense, that is, preparing for all the visitors: Tables are set up, chairs are positioned, women work in the kitchen, hosts serve plates of *mole*, *corundas*,

Día de los Muertos ❁ Pasión por la Vida

Day of the Dead 🌼 A Passion for Life

Día de los Muertos ❀ Pasión por la Vida

oportunidad de ofrendarle una fiesta como cuando él o ella vivía. Todo esto que se ve representa nuestro sentir y es algo que nos conmueve profundamente".

En Zacán es costumbre visitar las casas de los muertos nuevos, actividad que se realiza el día primero de noviembre, comenzando en la mañana. En cada hogar el trabajo es intenso preparando los alimentos que se brindarán a los visitantes. Se ponen las mesas, se acomodadan las sillas y mientras un grupo de señoras laboran en la cocina con la comida, otras ofrecen los platos servidos con mole, corundas, nacatamales, etc. Los hombres extienden la bienvenida con las bebidas, en un ambiente de fiesta en el que todo lo que se hace es por aquel ser querido que se adelantó en el camino. En tanto, en la habitación donde se ha levantado el altar, el familiar más cercano hace guardia sentado, mientras que otra persona se encarga de recibir las ofrendas de frutas que las señoras visitantes llevan como ofrenda. Recorrí ocho casas. En cada una de ellas fui recibida como amiga. La hospitalidad que caracteriza a los habitantes de la meseta fue extendida generosamente, permitiéndome admirar cada uno de los altares-ofrendas que eran prácticamente una obra de arte en el estilo, la decoración con flores y los artículos que pertenecieron a los fallecidos, pero lo que más impresionaba era la fragancia de las flores y de las frutas desbordándose de los altares.

Es costumbre colocar una mesa más pequeña junto al altar, donde ponen el arco que al día siguiente colocarán sobre la tumba, como una señal de muerto nuevo. A diferencia del arco de San Lorenzo que presenta un círculo adicional en posición horizontal a cada lado, como si fuesen las alas de un ángel, el arco de Zacán presenta los círculos hacia adelante, dando apoyo al arco. También en esa mesa, la fruta y las flores de las ofrendas que llevan los amigos cubren completamente los manteles blancos sobre el cual resalta el amarillo y rojo de las flores con que adornan el arco.

nacatamales, etc. The men welcome people with drinks and create an environment for celebration. Much is done in order to honor the loved one that has passed on. In the room where the altar is erected, a family member sits and keeps watch over the altar while someone else takes charge of receiving offerings from visitors. Over the course of the morning, I visited eight houses, and, in each, I was received like a friend, and the hospitality that typically characterizes the villagers of the plateau was graciously extended. I was invited to admire the altars that were practical works of art, decorated with flowers, fruit, and articles belonging to the deceased. What most impressed me was the fragrance of the flowers and the fruit overflowing from the altars.

It is customary to place a small table where the arch stands. In contrast to the arches of San Lorenzo, however, which have an additional circle on each side representing wings of an angel, the arches of Zacan have half circles on the front, which act as supports for the arch. Fruits and flowers brought by friends are also placed on the table, which was completely covered in white linen beforehand.

At sunset the "Little Soldiers Dance" is performed. Each soldier represents a soul who died in the current year. The dancers congregate in a central location in Zacan and are then accompanied by a band while they visit *Jimbankua* homes. As soon as they arrive, they hover by the altar, and a host offers them fruit. This is a very important and symbolic act because it is like giving a gift to the soul who died that year. The dancers then march to the next house with the solemnity and strength of real soldiers.

Al anochecer se lleva a cabo la Danza de los Soldaditos, que no es otra cosa que la representación que hacen de las almas de aquellos que fallecieron ese año. Los bailarines se congregan en un lugar céntrico de Zacán y se hacen acompañar de una banda durante la visita a los hogares donde se celebra *Jimbankua*. Al llegar se acercan al altar y la persona que está encargada de recibir las ofrendas de las señoras visitantes, les ofrece fruta, una acción con mucho significado, pues es como dársela a las almas de los difuntos de ese año. Luego salen y se van marchando hacia otra casa con la solemnidad y donaire de un soldado.

❀ Velación en el Cementerio de San Lorenzo

El ritual de la velación en el cementerio, que sólo se hace una vez al muerto nuevo, tiene su más alta expresión religiosa en el cementerio de San Lorenzo, la mañana del dos de noviembre. Indudablemente se destaca por la belleza de los arreglos de los arcos con alas, llamados *Uirhímukua*. Son tres los que se hacen durante la fiesta de muerto nuevo: uno va en la fachada de la casa, otro que se coloca en la pieza principal en el altar, donde se concentran las ofrendas de frutas que llevan las visitantes y el tercero que se lleva al panteón. Los arcos para la fachada y el altar se hacen primero, en tanto que el que se lleva al cementerio se elabora durante la velación en la casa.

La mañana del dos de noviembre el camposanto de San Lorenzo se cubre con una amplia gama de amarillos y violetas por las flores de la temporada que adornan las tumbas. En algunas de ellas se destacan los arcos con alas, decorados con *cempasúchitl* y la *jóskua tzitsiki*, conocida como flor de estrella. En estos arcos, que señalan el lugar donde duerme el sueño eterno un miembro de la comunidad fallecido ese año, se cuelgan mazorcas, tamales, parácuata, jícamas, pan de muerto, calabacitas y plátanos. Las mujeres con su cabeza cubierta por el tradicional rebozo color azul y los hombre con el sombrero en la mano escuchan con mucha devoción la misa, que el sacerdote celebra dentro de una pequeña construcción donde se encuentra el altar, ofreciendo consuelo a los familiares de los fallecidos.

 110

❀ Vigil in the Cemetery of San Lorenzo

If a person died during the year, the vigil for that person has its highest expression in the cemetery of San Lorenzo and is celebrated only one time in that fashion. The flowers and arches with their wings become the focal point on the tombs. Three arches are always made for a newly dead person. One is displayed at the front of the house, another is placed on the altar, and the third is brought to the burial site. The arches for the front of the house and the altar are made first; the one taken to the cemetery is made during the vigil, which takes place in the house the day before. Each arch is called *Uirhimukua* in P'urhepecha.

On the morning of November second, the cemetery of San Lorenzo is covered with heaps of yellow and violet flowers. On some tombs, arches stand out, decorated amply with *cempasuchitl* and *joskua tzitsiki* flowers, *mazorcas*, tamales, *paracuata*, jicamas, bread of the dead, squash, and plantains. They signal the eternal sleep. The women have their heads covered with traditional blue scarves, and the men carry their hats in their hands. Everyone listens to a mass where the priest offers words of hope to the people of the village who have lost loved ones. Afterwards, the priest walks around the cemetery sprinkling holy water over the tombs and relatives. When the service is complete and while a long rosary is being prayed, relatives of the newly dead give away the food they brought in reed baskets. Meanwhile, the children visit tombs with an arch and recite "Our Father" and "Hail Mary" prayers in exchange for fruit, *corundas*, or bread.

112

Antes de concluir la misa el sacerdote recorre el cementerio esparciendo agua bendita sobre las tumbas resguardadas cariñosamente por los familiares. Al concluir el servicio religioso y mientras los rezanderos desgranan las cuentas del rosario, los familiares de los festejados (muertos nuevos) regalan la fruta que llevaron en *chiliquihuites* —cestos de carrizo—. Son muchos los niños que van a las tumbas donde hay un arco y rezan un rápido Padre Nuestro o Ave María recibiendo a cambio fruta, corundas o pan de muerto.

❀ Las *Huananchas* y las Vírgenes Viajeras

Frente al altar, las Vírgenes viajeras se ven hermosas bajo la luz del día que permite observar sus rostros europeos luciendo el detalle de la vestimenta tradicional de las mujeres de San Lorenzo con las que están vestidas. Colocadas en línea horizontal son resguardadas por las *huananchas*, jóvenes solteras dedicadas a su cuidado, a cambiarles las flores en la capilla y a cargarlas cuando van de visita de un lugar a otro.

El papel de las *huananchas* posiblemente tiene su origen en la narración que hace Blanca Vidales de Lemus sobre el baile prehispánico de las Canacuas — "Corona de Flores" —, que eran danzas que las doncel-

❀ The *Huananchas* and the Traveling Virgins

The traveling Virgins of San Lorenzo look beautiful under the natural light of the sky. One can see the detail of their European faces along with the detail of the traditional native garments, which the Virgins are dressed in. *Huananchas*, young unmarried women, care for these Virgins, replacing flowers for them in the chapel and carrying them from one place to another. At the cemetery on November second, the *huananchas* take the Virgins on their shoulders to mass and line them up in front of the altar.

The role of the *huananchas* possibly originated, as Blanca Vidales de Lemus suggests, from a pre-Hispanic dance called *Las Canacuas* or "the ring of flowers." These were dances in which maidens, consecrated to the cult of the gods, danced to their gods. During a catechistic process, the *Canacuas* dance changed and began to be performed in other festivities. That is why it is believed the maidens are still, to this day, in charge of taking the traveling Virgins on their shoulders and transporting them

las consagradas al culto de los dioses bailaban en honor a ellos o cuando visitaban las tumbas de los principales. De esta danza queda como recuerdo físico la corona que adornada, unas veces con flores naturales y otras de plástico son colocadas sobre las tumbas ya sea durante un funeral o para Día de los Muertos. Durante el proceso de catequización se cambió la costumbre de la danza de las Canacuas como homenaje solamente a los muertos. Se impuso que fuera interpretada en otras festividades. La doncella de entonces continúa actualmente al servicio de la religión, como la encargada de llevar sobre sus hombros a la Virgen viajera, un puesto de honor dentro de la comunidad. Es interesante anotar que tanto las Vírgenes viajeras como las *huananchas* llevan el mismo estilo de traje de la comunidad, incluso las imágenes están adornadas con la misma clase de aretes y collares con las que las jóvenes se engalanan.

En San Lorenzo la procesión de las Vírgenes sobre los hombros de las *huananchas* es impresionante por la alegría que reflejan sus rostros mientras cuatro de ellas balancean el peso de cada una de las urnas abiertas, en las cuales están colocadas las imágenes religiosas. Y aunque el material del que están hechas es de pasta de caña, no por ello la carga es leve. Temprano en la mañana son ellas las encargadas de trasladarlas al panteón para que presidan el ritual religioso y al concluir son las *huananchas* nuevamente las que tienen la responsabilidad de transportar las imágenes, siguiendo el estandarte con la imagen de la Guadalupana, con la que los principales del pueblo encabezan la procesión hasta el recinto religioso que las cobija. Allí, al igual que en muchas otras capillas del siglo XVI, el artesón o cielos de madera muestran el sincretismo religioso que se dio en cada una de las poblaciones de la Meseta P'urhepecha.

Recorrer las poblaciones de la sierra durante los días de *Jimbankua* es adentrarse en una serie de ritos y creencias a través de los cuales los p'urhepechas ratifican su profundo amor por la vida y su comunicación con los muertos. Con ella la tradición renace y se reafirma conjugando la vida y la muerte, en el sagrado deber de vivir y enseñar que el recuerdo de quien ha partido seguirá latente mientras se celebre la fiesta de muerto nuevo.

113

throughout the community. It is considered an honor. The Virgins and the *huananchas* wear the same native dress; furthermore, the statues are adorned with the same type of earrings and necklaces that the young women wear, giving both the Virgins and *huananchas* a similar appearance. Today a *corona* —a wreath— sometimes adorned with natural flowers and sometimes with plastic ones, is placed on tombs during the funeral and *Jimbankua* as the physical reminder of this dance.

The procession of the Virgins is poignant due to the sheer joy reflected in the faces of the *huananchas*. Four of them balance the weight of one Virgin placed on an open urn. A Virgin is made from cane paste and the urn from wood and is not a light load. Early in the morning they transfer the Virgins to the burial site, so the statues can be present during mass. As soon as the religious service is over, the *huananchas* have the responsibility of transporting the statues back to the chapel, this time following behind a banner with the Guadalupana image. The leaders of the village always use this image to lead the procession back to the chapel. There, as in many chapels on the P'urhepecha plateau, the Virgins and coffered ceilings are a distinct reminder of the religious syncretism that occurred in the villages over three hundred years ago.

To journey through the mountain villages during the days of *Jimbankua* is to enter a series of rites and beliefs through which the P'urhepecha people ratify their profound love for life and communication with the dead. A tradition is reborn each year and reaffirms a strong tie between life and death. It is the belief of the P'urhepecha people that celebrating the dead is the sacred duty of the living — To show that the memory of the loved one who has left will always continue to be present during this annual celebration.

Día de los Muertos ❧ Pasión por la Vida

Al Amanecer

Las velas han nacido entre piedras del alba
entre dorados pétalos de un sol acariciante,
y esa mirada pura del alma en el vacío
esperando la risa de la ostentosa muerte.

La llama que repite un año más de ausencia
la incomprensión de todo en la nada perdida,
las preguntas al aire, los sueños repetidos
la seriedad es gesto en rostro adolescente.

Sorpresa, asombro, pasmo en la inmutable calma,
placidez a la espera de los seres queridos
y entre el rebozo a solas la idea soportable.

Nada es igual y es todo, como un soplo de viento
en un hilo de vida. Y los amaneceres
repletos de ternura para todos los niños
que dejaron de serlo y vienen a la tumba
como si fueran ángeles.

Julie Sopetrán
(Poetisa española)

At Dawn

The candles have been born among the rocks of dawn
among the golden petals of a caressing sun,
and the pure gaze of a soul in space
awaiting the laughter of the pretentious death.

The flame that repeats another year of absence
incomprehension of all for the needless loss,
unanswered questions, repeated dreams
a gesture of seriousness in the face of the adolescent.

Surprise, amazement, shock in the never changing calm,
peacefulness at the awaiting of the loved ones
alone wrapped in the shawl the unbearable idea.

Nothing is the same and is everything, like the wind blowing
life hanging by a thread. And the dawns
full of tenderness for all children
that stopped being and come to the tomb
as if they were angels.

Julie Sopetran
(Spanish poet)

115

Día de los Muertos ❀ Pasión por la Vida

DÍA DE LOS MUERTOS EN EL ÁREA
Del Lago de Pátzcuaro

117

DAY OF THE DEAD IN THE
Lake Patzcuaro Area

Día de los Muertos   Pasión por la Vida

Día de los Muertos en Janitzio y las Áreas Aledañas

El estado de Michoacán y las poblaciones en la región de Pátzcuaro son conocidos a nivel internacional por la forma como los p'urhepechas expresan sus creencias durante la celebración de Día de los Muertos. Se cuenta que en los hogares p'urhepechas frente al momento de la transición, el familiar más cercano de la persona que está a punto de fallecer, se dirige al Creador y le dice: "Te lo entrego, te lo regalo, no lo lloro, lo hago con alegría", lo que demuestra la profundidad del sentimiento religioso y la aceptación de lo inevitable.

Para quien asiste por primera vez a la celebración del Día de los Muertos y es espectador de sus preparativos en la Isla de Janitzio donde con anticipación se concentran miles de visitantes, la experiencia es inolvidable. Para llegar a Janitzio, se debe viajar primero a Pátzcuaro ubicado a orillas del lago del mismo nombre y a 312 kilómetros de Guadalajara, la segunda ciudad más grande de México.

La mayoría de los habitantes del área son descendientes del grupo étnico p'urhepecha, que en lengua mexica eran llamados "michoaques" y a la tierra que habitaban Michoacán. Este grupo eligió en el siglo XIV la región lacustre de Michoacán como sede de su reino. Ellos decían que "era el lugar donde vivían los dioses azules del agua".

Por muchos años, Pátzcuaro fue la capital del reino, más tarde pasó a ser sitio de recreo de los nobles que residían en Tzintzuntzan, bajo el mando de Tzintzipandácuri. En el siglo XVI, Pátzcuaro se convirtió en sede episcopal bajo Don Vasco de Quiroga. El atractivo de esta población radica, especialmente, en haber conservado, a través de los siglos, una arquitectura netamente española. Fue tan bellamente diseñada, que Don Vasco de Quiroga soñó en convertirla en la capital de la provincia michoacana. Después de algunos años, trasladó la sede a Valladolid, hoy Morelia.

Day of the Dead in Janitzio and in the Surrounding Areas

The state of Michoacan and the villages in the region of Patzcuaro are well known for the manner in which the P'urhepecha people express their beliefs during Day of the Dead. In P'urhepecha homes, when a loved one passes away, the closest member to the deceased always prays to God for relinquishment of the soul. The soul is relinquished because it is their profound religious belief that it must be returned to its Creator. A family member says, "I give him/her to You; I deliver him/her to You; I do not cry; I do it gladly."

Anyone fortunate enough to witness the preparation of Day of the Dead and share in its celebration on the island of Janitzio, where thousands of visitors converge each year, gains an unforgettable experience. To reach Janitzio, visitors must travel first to Patzcuaro, located on the edge of Lake Patzcuaro, 312 kilometers southeast of Guadalajara.

The majority of the inhabitants of this area are descendents from the ancient P'urhepecha people. They were once referred to as "the michoaques," and the land that they settled was called Michoacan. They established themselves in this region during the XIV century. Patzcuaro was the center of the kingdom then and local folklore says, "the blue gods of water lived in this region."

For many years, Patzcuaro was a metropolis, but it later became a recreational site for nobility living in the nearby town of Tzintzuntzan under the rule of Tzintzipandacuri. During the XVI century, Patzcuaro became an Episcopal Diocese under Don Vasco de Quiroga and the Spanish regime. An attraction to Patzcuaro is usually rooted in its Spanish architecture that survived through the ages. Indeed, it was so beautifully designed that Don Vasco de Quiroga hoped to make it Michoacan's capital. He later moved the Episcopal Diocese to Valladolid, today's Morelia.

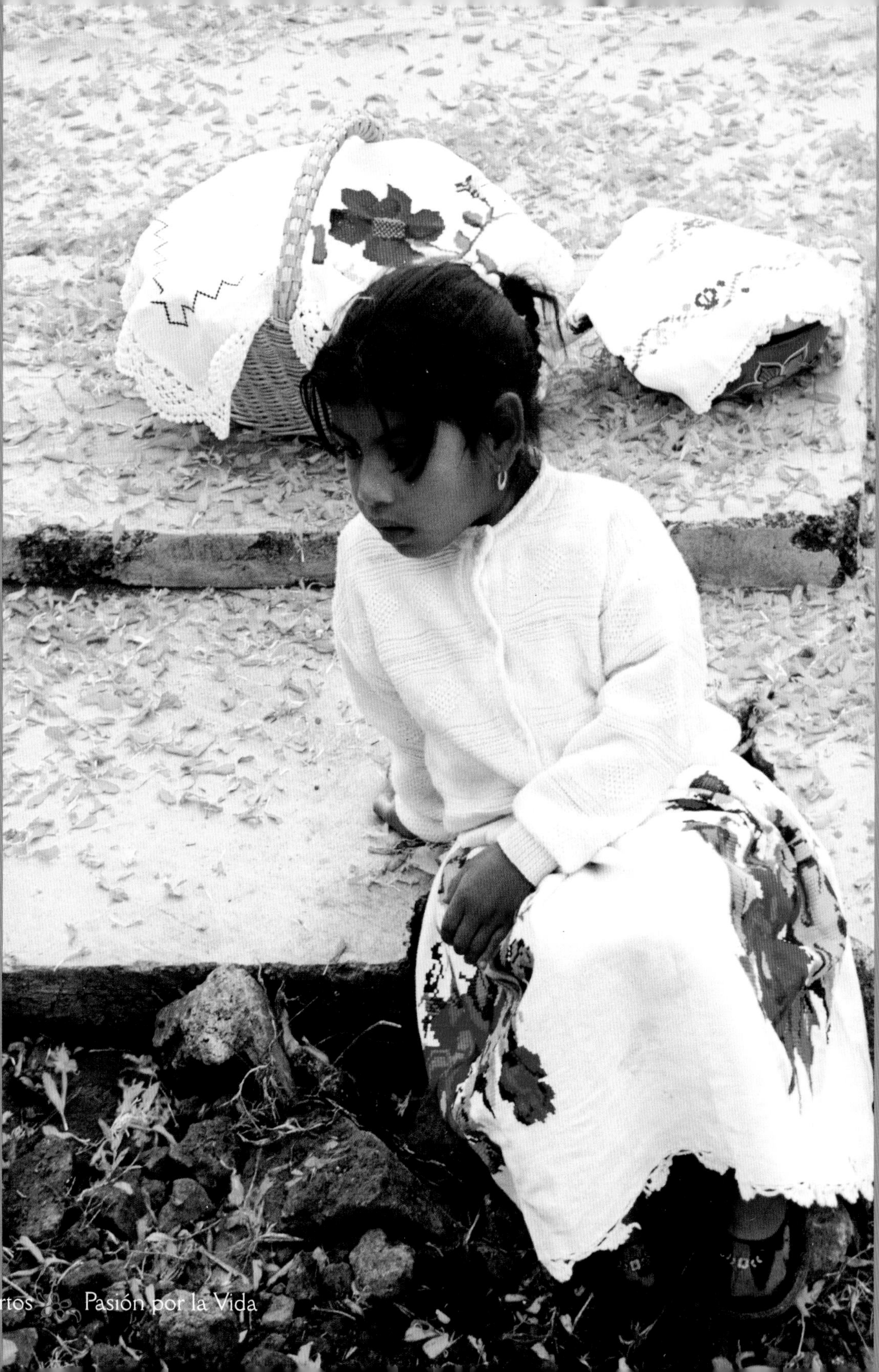

En la actualidad, Día de los Muertos atrae miles de visitantes a Pátzcuaro, Janitzio y poblaciones cercanas. En Pátzcuaro, uno de los atractivos más importantes al acercarse la celebración es el tianguis, una feria artesanal donde se consiguen muchos objetos que usan en la decoración del altar. También allí se realiza el mercado de dulces donde los artesanos venden calaveras de azúcar y dulces con muchos diseños diferentes, todos alusivos a la celebración. Las flores, frutas y dulces son esenciales en la decoración de los arcos, los que son puestos en las tumbas el primero de noviembre. El altar se levanta en la habitación principal de la casa. Si el fallecido fue un hombre, el altar tiene la forma de una cruz y si es para una mujer, el arreglo se hace en forma de un arco. Sus objetos favoritos son colocados cerca o en el altar. Por ejemplo, se pone un gabán o sombrero para un hombre; si fue un pescador se coloca una red, o si trabajó en el campo se coloca un objeto relacionado a esta labor. Para una mujer colocan un mandil, una falda o los utensilios representando las actividades del hogar.

La celebración de Día de los Muertos se inicia en la región lacustre de Pátzcuaro en la isla de Yunuén, la noche del 31 de octubre, con un festival musicial que incluye *pirekua* (canciones), *uarhakua* (bailes) y *kuskahua* (música p'urhepecha), ofreciendo la oportunidad a los visitantes de disfrutar del folklore de la región. Las jóvenes llevan sus trajes tradicionales y trenzan su cabello, adornándolo con cintas de diferentes colores. Los visitantes deben llegar a la isla alrededor de las once de la noche. La carretera en Pátzcuaro que conduce al muelle de San Pedrito es iluminada con antorchas. Allí los conductores de los botes esperan a los visitantes para llevarlos a la isla.

Today, Day of the Dead draws lots of people to Patzcuaro and other villages. The biggest attraction are the *tianguis*, the market place and the candy market where many items to decorate altars for Day of the Dead are sold. Flowers, fruits, bread, and sweets are essential for decorating the arches that are placed on the tombs each November first.

As the celebration of the dead approaches, preparations to welcome the souls of loved ones get under way. If the deceased was a man, the altar is designed in the shape of a cross. If the deceased was a female, the arrangement is made in the shape of an arch. Also, a favorite item is placed near or on the altar. For example, an overcoat or hat may be left for a man; or if he was a fisherman, an oar or a net can be placed on the altar. If he worked in the fields, a plow may be left. For a woman a shawl, apron, slip, girdle, or everyday utensils are typically placed on the altar.

The celebration of the dead gets under way in the Patzcuaro region, specifically on the island of Yunuen, with a musical celebration that includes *pirekua* (songs), *uarhakua* (dances), and *kuskahua* (P'urhepecha music), giving visitors the rare opportunity to penetrate deep into the folklore of this region. On the island of Yunuen as well, young native girls can be seen dressed in traditional attire with their hair in braids and adorned with ribbons of various colors. Visitors should arrive at the island around 11 o'clock on the evening of October 31st. The road in Patzcuaro that leads to the San Pedrito dock is lit with torches; there, boats wait for tourists to take them to the island.

❀ La Velación de los Angelitos en Janitzio —*Kejtzitakua Zapicheri*

El primero de noviembre los visitantes cruzan el Lago de Pátzcuaro en botes hacia la isla de Janitzio, para convivir con los niños en la celebración del ritual de la Velación de los Angelitos. Es recomendable ir al muelle de San Pedrito muy temprano ya que la velación se inicia alrededor de la siete de la mañana. Janitzio es una de las islas más bellas en el Lago de Pátzcuaro, allí el recibimiento lo prodigan los pescadores desde sus canoas, quienes al paso de las naves realizan una serie de demostraciones con sus redes de mariposas. Una estatua de piedra erigida en la cima de la isla a José María Morelos, un sacerdote que luchó por la independencia de México, domina el panorama y con el brazo derecho levantado parece dar la bienvenida a propios y extraños. En los hogares donde se recuerda a un niño fallecido, su ropa y juguetes son colocados en el altar.

Al amanecer los padres, hermanitos y amigos llevan los arcos al cementerio y lo colocan en la tumbas de los niños. La suave luz rosada del nuevo día ilumina las pequeñas figuras envueltas en sus rebozos, sentadas silenciosamente. Decoraciones hechas con flores de la temporada como la flor de *cempasúchitl* son colocadas sobre las tumbas. Juguetes hechos de madera, tule y paja adornan los sepulcros. Los niños, con sus ojos cargados de sueño, están allí para rendir homenaje a la memoria de sus hermanitos. Así se inicia la Velación de los Angelitos.

La ceremonia de la Velación de los Angelitos enfoca dos aspectos claramente definidos en esta ceremonia: el primero, la participación de los niños, quienes en el proceso de aprendizaje respetuoso de la tradición, desempeñan el papel principal de la familia, rindiendo muestras de afecto al alma del que ha partido y que "regresa" en esta fecha, para recibir ese tributo espiritual. El segundo aspecto, se refiere a la participación de los padrinos del bautismo. Los padrinos tienen el deber de ofrendar a su ahijado recién fallecido. Para cumplir con esta responsabilidad compran en Pátzcuaro o en los pueblos aledaños, dulces de azúcar en forma de ángeles y animalitos,

❀ The Vigil of the Little Angels in Janitzio—*Kejtzitakua Zapicheri*

On November first, visitors arrive by boat to the island of Janitzio. To cross Lake Patzcuaro for the celebration of the Vigil of the Little Angels in Janitzio, it is recommended to arrive at the San Pedrito dock early, since the vigil begins around seven o'clock in the morning. Local fishermen put on a lavish show to welcome tourists and perform impressive demonstrations on the water using butterfly nets. Also noteworthy is the statue of Jose Maria Morelos, the priest who fought for Mexico's independence. It stands on the summit with an outstretched arm welcoming visitors and natives alike.

In homes where a deceased child is being remembered, clothing and toys belonging to the child are placed on an altar that was prepared for his or her wake. Godparents have a very important role in this celebration as well.

At sunrise parents, children, and friends bring arches to the cemetery and place them on the graves of deceased children. Soft, pink light glows around all the figures seated silently in front of tombs. Colorful decorations made with flowers such as the traditional *cempasuchitl* are placed on the tombs. Toys made of wood, tule, and straw adorn the gravesites as well. Children, with their sleepy eyes, are also there to honor the memory of lost siblings. This is The Vigil of the Little Angels.

The ceremony of The Vigil of the Little Angels emphasizes two important things: participation by children and godparents. Children go through a learning process and gain a respect for Day of the Dead and for death. They play the key role in the deeply felt tribute to the

123

pan, algunas veces ropa y juguetes de madera, barro o paja. Estos objetos, junto con el arco decorado con flores de *cempasúchitl* y de ánimas, estas últimas orquídeas propias de este tiempo, se llevan a la casa de los padres del niño y se ubican en el altar preparado para ello. Temprano en la mañana del primero de noviembre, cuando los familiares se reúnen al pie de la tumba del niño, los padrinos también se hacen presentes.

Durante el ritual los adultos observan a los pequeños desde un costado del cementerio. La actitud solemne y la concentración de los niños es impresionante. Las pequeñas, con sus blusas de satín y amplias faldas de vivos colores, medias blancas y zapatos brillantes, son el centro de la ceremonia. Adornadas con el indispensable delantal bordado, parte importante del atuendo femenino p'urhepecha, ellas cumplen tranquilamente con la tradición, observadas a corta distancia por sus padres. Los niños también cruzan de un lado a otro del cementerio cargando flores y encendiendo velas, ya que desde temprana edad sus progenitores los hacen participar en este ritual, con el objeto de inculcarles el respeto a sus creencias, sembrando en ellos el amor a esta tradición.

Los niños, esparcidos a lo largo y ancho del cementerio juegan a ser mayores en su aceptación, a temprana edad, de la muerte. Para ellos, al igual que para sus mayores, la muerte es una prolongación de la vida en un plano diferente. En actitud recogida y solemne, se ubican al pie de las tumbas a velar a sus familiares. A un costado del cementerio, una pequeña, sola, luce sus galas sentada al filo de una tumba, mientras que a escasos metros tres niñas intercambian miradas en silencio. Un niño rodeado de velas encendidas, que seguramente su madre le ayudó a colocarlas, toca una armónica de plástico.

Los niños aprenden a través del ejemplo cómo celebrar esta tradición. Se quedan parados o sentados al pie de las tumbas en forma reverente. Son ellos los encargados de rezar, poner las flores y mantener las velas encendidas.

124

young souls who have departed and who now "return" to receive a spiritual offering. In addition, when a child dies, the godparents' role is to give an offering to their recently deceased godchild. They usually go to Patzcuaro or to one of the larger towns and buy sweets in the shapes of angels or small animals, bread, and sometimes clothes or toys made of wood, clay, or straw. These gifts and an arch decorated with seasonal orchids and *cempasuchitl* flowers are taken to the child's home and placed on the altar. On the morning of November first, as relatives gather around the tomb of the child, the godparents share in the parents' sorrow.

During the vigil, adults stand at the edge of the cemetery and watch as children participate in this celebration. The concentration of the children is remarkable. Little girls are dressed in satin blouses, colored skirts, white stockings, and shiny shoes. They wear a traditional white pinafore, which is an important piece of the P'urhepecha feminine attire, and comply with the tradition while parents observe. The boys participate by carrying flowers and by lighting candles. Since early childhood the children are prepared for this ritual, and parents teach their children to love and respect the tradition of Day of the Dead.

The children behave like grown ups because they have accepted the reality of death at such an early age. Children and elders view death similarly — as the extension of life occurring in a different dimension. With a meditative appearance, the children sit and keep vigil over siblings buried at the gravesites. Some silently exchange introspective gazes with one another while others play instruments. All of them are surrounded by candles that the mothers have arranged.

Children learn from example how to celebrate this tradition. They are in charge of praying, placing the flowers on the tomb, and keeping the candles lit.

Day of the Dead   A Passion for Life

Día de los Muertos ❧ Pasión por la Vida

Madres, abuelas y padrinos también se reúnen a velar la pérdida de un niño y a enseñarles a los principales protagonistas del ritual los valores de esta tradición, ya que ellos serán quienes la continuarán cuando sean adultos. Los familiares expresan sus sentimientos con ofrendas, cruces, flores, velas y oraciones. Esta ceremonia que dura aproximadamente tres horas, se realiza en el cementerio ubicado a un costado de la iglesia.

Los rituales que rodean la muerte de un niño son especiales. Desde la época de la Colonia es costumbre pintar y después fotografiar a los niños fallecidos, dentro de una ceremonia más amplia que es conocida como el velorio de los angelitos.

El testimonio de la tristeza que embarga a un padre por la muerte de su hijita, fue recogido en 1902 por Karl Lumholtz:

"Aquí en la tierra es lugar de mucho llanto, lugar donde ... es bien conocida la amargura y el abatimiento. Un viento como de obsidiana sopla y se desliza sobre nosotros. No es lugar de bienestar sobre la tierra, no hay alegría, no hay felicidad. La muerte, niña, la muerte prematura de un niño, acorta un ciclo de vida y pone en estrecha cercanía a los extremos de principio y fin, nacimiento y fin, lo cual determina que las exequias para los infantes, tengan características místicas especiales. Aquí, en nuestra tierra, acostumbramos que cuando un niño muere, los padres lo den de buena voluntad al cielo, porque es un ángel y por eso encienden cohetes y no lloran por él, para que el niño pueda entrar al paraíso y no tenga que regresar a recoger lágrimas".

Alrededor de las diez de la mañana los arcos y las ofrendas son recogidos. Las tumbas quedan cubiertas de flores y pétalos esparcidos, cera derretida y algunos cirios encendidos; es hora de regresar a casa a prepararse para la celebración nocturna en honor a los adultos.

Though the children play the main role in this ceremony; mothers, grandmothers, and godparents also gather to mourn the loss of the children as well as to relate the values of this tradition to their children since they will be the ones to carry on with it. Relatives of the deceased express their feelings with offerings, crosses, flowers, candles, prayers and songs. This incredibly moving ceremony takes place in the cemetery next to the church in Janitzio and lasts for approximately three hours.

The rituals that surround the death of a child are very special. Since the colonial days, it is tradition in Mexico to do a portrait or take photographs of a child who has departed from this life.

In 1902, Karl Lumholtz recorded this testimony from a father grieving over the death of his young daughter:

"This earth is a place full of grief, a place where ... bitterness and devastation are well known. A wind full of darkness blows and circulates among us. The face of the earth is not a place of well-being; there is no happiness. The death of an infant, my dear girl, shortens the cycle of life and brings closer the extremes of beginning and end, of birth and death. The vigils of infants have special mystical characteristics. In our land, when a child dies, parents should willingly give up the soul to heaven with a good attitude because the child is considered an angel. This is the reason people light fireworks and don't cry, allowing the child to enter paradise and discourage any departed souls from coming back to collect tears".

Close to 10:00 a.m. the arches and offerings are collected, but the graves remain covered with scattered petals, melted wax, and randomly lit candles. The Vigil of the Little Angels is complete, and it is now time to prepare for the night celebration in honor of the adults.

128

✿ La Velación de los Angelitos en Pacanda

Entre los tesoros del Lago de Pátzcuaro está la isla de Pacanda. Temprano en la mañana del primero las embarcaciones llevan a los visitantes desde Pátzcuaro a esta isla, una de las siete que embellecen el lago. Pacanda está ubicada en el centro del lago y su nombre significa "empujando algo en el agua". Ha estado habitada desde antes de la llegada de los españoles. En la actualidad radican allí alrededor de 120 familias, con un gran número de niños.

Los habitantes de Pacanda se ganan la vida con la agricultura y pesca, además de la producción de artesanías hechas con fibras de plantas, actividades esenciales para el mantenimiento de la comunidad. Esta isla se recorre fácilmente a pie, observando el paisaje y gozando de cada uno de los aspectos que saltan a la vista desde diferentes puntos. Pequeñas casas, con paredes blancas y techos de tejas, se destacan rodeadas de flores de *cempasúchitl* que sus moradores plantan con anticipación, para cortarlas el primero de noviembre y decorar las tumbas de sus familiares.

La Velación de los Angelitos se realiza a tempranas horas de la mañana. Las figuras de mujeres mayores, envueltas en sus rebozos, sirven de modelo para que los niños realicen, igualmente, la ceremonia de velación en un ambiente de silenciosa devoción. El ritual dura pocas horas, pero la intensidad de su significado es palpable. Un grupo de hombres, llamados rezanderos, ora frente a las tumbas. En el silencio de la mañana sus voces se elevan haciendo que se localicen fácilmente sus figuras arrodilladas. Recorren el cementerio de acuerdo a las solicitudes que les hacen y terminan su misión religiosa en el centro del camposanto, frente a una cruz

✿ The Vigil of the Little Angels in Pacanda

Early morning on November first, visitors can take a boat from Patzcuaro to Pacanda, one of the seven islands that beautify Lake Patzcuaro. Pacanda is located in the center of the lake and means "pushing something in the water." It has been inhabited since the pre-Columbian era, and at present time, there are approximately 120 families living on the island, many of them children.

The inhabitants of Pacanda make their living from agriculture and fishing, also from the production of handicrafts made of fiber plants, all essential trades for the economy and for the survival of the community. One can easily travel the island by foot. The views are of *cempasuchitl* flowers and small houses with white walls and tile roofs.

Relatively undiscovered is the way these islanders celebrate Day of the Dead. The islanders plant *cempasuchitl* early enough to pick it on November first and decorate the tombs.

The Vigil of the Little Angels takes place early in the morning, and in an atmosphere of silent devotion, elderly women in shawls serve as the models for the children. They show them how to participate. The ritual lasts between three and four hours, and the significance of its meaning is apparent. The *rezanderos*, or prayer givers, stand in front of the tombs. By request of a family, the *rezanderos* pray for loved ones. Their voices seem loud on such a quiet morning. They eventually finish praying at the center of the cemetery in front of a cross made of stone. Here, they pray the last rosary of the morning. Around 10:30 a.m. the offerings are removed. The children and

de piedra. Allí rezan el último rosario de la velación diurna. Alrededor de las diez y media de la mañana las ofrendas son recogidas, niños y adultos regresan a sus casas; el cementerio permanece silencioso hasta la medianoche, cuando se vuelven a escuchar las Ave Marías y los Padre Nuestros de quienes desgranan entre sus dedos las cuentas del rosario.

En las casas, las mujeres se dedican a preparar las viandas que colocan en el altar, entre las que sobresale el caldo preparado con el pato que cazan los hombres en las riberas del lago.

❂ La Velación de los Angelitos en Zirahuén

Zirahuén es una pequeña población localizada entre Pátzcuaro y Uruapan, a la orilla del lago del mismo nombre. Aquí, el cementerio se convierte en un lugar de encuentro en el cual los adultos y los niños participan en las actividades de la celebración de La Velación de los Angelitos. Algunos limpian las tumbas, al mismo tiempo que otros las preparan para el día siguiente cuando regresarán a honrar las almas de los adultos. Jóvenes ofrecen charolas de madera llenas de chayotes cocinados, calabaza dulce, ciruelas, limas, pan y maíz tierno. Ofrendas como éstas son dadas por familias como la de Edgardo Melchor Ocampo y su esposa Isela Guadalupe ofreciéndolas en memoria de su hijito Filiberto Melchor. Mujeres jóvenes como Isela preparan estas bandejas que se las pasan a niñas quienes rápidamente dan la bienvenida a los que llegan, tan pronto como ingresan al cementerio. Muchas de las tumbas están decoradas con arcos cubiertos de flores de *cempasúchitl*, un arreglo de tres pies de altura adornado con angelitos y animalitos hechos de azúcar.

adults return to their homes with them, and the cemetery remains empty until midnight, when "Hail Mary's" and "Our Father's" are said for the adults' night vigil of the Dead.

At home the women dedicate themselves to preparing the food that will be placed on the altar. Duck soup is a main course and is prepared with duck hunted off the shores of the lake.

❂ The Vigil of the Little Angels in Zirahuen

Zirahuen is a small town located between Patzcuaro and Uruapan and on the edge of Lake Zirahuen. The cemetery here feels like a busy beehive in which adults and children take active roles in the different activities for The Vigil of the Little Angels. Some people clean tombs, others pull weeds, and still others start preparations for the following day when they return to remember the souls of the adults. Young girls give away offerings that consist of cooked chayote, sweet pumpkin, prunes, limes, and fresh corn kernels. Offerings such as these are typically given away by families like Edgardo Melchor Ocampo and his wife, Isela Guadalupe. They offer food in memory of their child, Filiberto Melchor. Thus a young and beautiful woman like Isela is typically surrounded by large pots filled with fruits and vegetables. Young mothers prepare dishes to be handed out by young girls, who promptly greet visitors and friends as soon as they enter the cemetery. Many of the children's tombs are decorated with *cempasuchitl* flowers, an arrangement approximately three feet high adorned with small ceramic angels, and miniature animals made out of sugar.

131

No es raro ver a una mujer de alrededor de 50 años, llamada rezandera, arrodillada al pie de la tumba de un niño. En Zirahuén ella es la encargada de los rezos tanto para niños como para adultos, diferente a lo que sucede en las islas de Janitzio y de Pacanda, donde los rezanderos son hombres. La rezandera de esta población lleva sus oraciones escritas en un cuaderno, del cual selecciona las apropiadas de acuerdo a la edad del fallecido. El primero de noviembre ella lee las dedicadas a la Velación de los Angelitos, al día siguiente reza la de los adultos, siempre rodeada de las personas que se congregan alrededor de los sepulcros. (Muestra de una oración típica en honor a las almas de los niños, puede verse en la página 188).

❀ La Velación de los Angelitos en Capula

La población de Capula es considerada parte del área de Pátzcuaro. Los padres creen que las almas de sus hijos se convierten en ángeles y de alguna forma le agradecen a Dios por haber elegido a su hijo para que sea uno de ellos. Los habitantes de Capula realizan la vigilia en el cementerio el primero y dos de noviembre durante el día y arreglan por igual las tumbas para niños y para adultos. Aparte, cada año los padres elaboran un altar en el cual colocan la ropa que perteneció al niño.

Tradicionalmente, los padrinos visten al niño o niña fallecido. Si es una mujercita la visten de azul con blanco, que son los colores de la Virgen María. Si es niño lo visten con los colores de San José: verde y amarillo. Luego colocan el cuerpo sobre una mesa y lo llenan de flores. Los padres hacen una comida y con mucha frecuencia hay música que precede a la misa que celebran por el alma. Antes de dejar la casa, el padrino pone en la cabeza del niño la corona de flores que se encuentra en la mesa.

Here, it is not uncommon to see an elderly woman, a *rezandera*, kneeling and praying at the foot of a child's tomb. In Zirahuen, this woman is in charge of all the prayers for the dead children as well as for adults. This is a departure from the role on the islands of Janitzio and Pacanda where the men are typically in charge of prayers. The *rezandera* carries a prayer book from which she reads, selecting the appropriate prayers according to the age of the deceased. On November first, she reads prayers dedicated to the vigil of the children; and on November second, she reads the prayers for the adults. She reads aloud to all the people who are congregated around the tombs. (For an example of a typical prayer for a child's soul, please see page 189.)

❀ The Vigil of the Little Angels in Capula

The village of Capula is considered part of the Patzcuaro area. Here, parents believe that their children become angels upon death. This belief leads many to be grateful and even thankful to God for choosing their child. The Capula natives hold the vigil for the children in the cemetery on the first and second of November during the day. Each year an altar is erected on which the child's clothing and belongings are placed.

Traditionally it is the godparents role to dress the deceased child for the funeral. If it is a girl, they dress her in blue and white, which are the colors of the Virgin Mary. If it is a boy, they dress him in Saint Joseph's colors, which are green and yellow. They then place the

Rumbo al panteón los familiares van detrás del ferétro deshojando flores y tronando cohetes para abrir las puertas del cielo para que entre el alma. Los pétalos de flores que dejan caer a lo largo del recorrido son para marcar el camino hacia la casa, por el cual el alma del niño o niña puede regresar a su hogar sin perderse, para la celebración de Día de los Muertos.

En cuanto a la celebración en el cementerio de Capula, las tumbas son cubiertas con una especie de musgo verde, llamado "Flor de piedra" que los habitantes de esta población recogen en el cerro. Sobre el promontorio del sepulcro hacen diseños con *cempasúchitl*.

❀ La Velación de los Angelitos en Ihuatzio

En esta población, la velación es similar a las de otras comunidades de los alrededores: temprano en la mañana del primero de noviembre, cuando todavía está oscuro, los pobladores llevan flores, velas y canastas con ofrendas al cementerio ubicado a un costado de la carretera que conduce al centro del pueblo. Es interesante anotar que los nativos limpian las tumbas esa mañana en lugar de hacerlo con anticipación como ocurre en otras poblaciones.

Para facilitar la colocación del arco durante la velación de los adultos, cuando regresen pasada la medianoche, los familiares limpian las tumbas temprano ese mismo día. Poco tiempo después de iniciada la limpieza y velación de los angelitos, el cementerio está listo para la vigilia que dura varias horas. Al igual que en otros cementerios del área, los padrinos, padres y niños honran la memoria de los angelitos encendiendo velas que iluminan las primeras horas de ese día.

body on a table and cover it with flowers. Meanwhile, the parents prepare a meal and listen to music before mass begins. Before leaving the house, the godfather places a wreath of flowers on the child's head.

On the way to the cemetery, relatives follow a hearse and strip petals off flowers, dropping them on the ground. The flower petals serve to indicate the way back home when the child's soul returns for the celebration of Day of the Dead. Fireworks are also set off for the purpose of signaling that the doors of heaven should be opened for the child's soul to enter.

Incidently, the tombs at the cemetery are covered with a species of moss called *Flor de Piedra* or Stone Flower, which natives pick from the hillside. They also make designs with *cempasuchitl* on top of the tombs.

❀ The Vigil of the Little Angels in Ihuatzio

The Vigil of the Little Angels in Ihuatzio is similar to many of the other neighboring villages. Early on the morning of November first, when it is still dark, figures carry flowers, candles, and baskets to the local cemetery, which is located on a side of the main road leading through town. However, Ihuatzio natives begin cleaning the tombs on the morning of November first instead of preparing the tombs days prior like in other towns. Many members of the families do this cleaning early in the morning so it will be easy for them to secure the arches when they return after midnight. By mid-morning the cemetery looks ready for the vigil that will last several hours. Godparents, parents, and children host the vigils in honor of the children and light the candles early in the morning.

Día de los Muertos   Pasión por la Vida

❀ Juego Ritual del *Teruscan* en Janitzio

Al anochecer se efectúa la celebración *Teruscan* (reunión), juego ritual de los jóvenes p'urhepechas que realizan en las primeras horas de la noche y durante el cual "roban" mazorcas de maíz, flores, frutas y calabazas de las cercas y techos de las casas. Todo se hace dentro de un ambiente jocoso y alegre, ya que es una rapiña organizada con el permiso de las autoridades.

Mientras ellos "hurtan", las personas mayores los esperan en el atrio del templo o en la *Huatápera* o casa comunal de los p'urhepechas. Se cocina lo recaudado en un gran perol y luego se distribuye entre los asistentes, para pasar alegremente la velada. Después de una presentación musical, justo a la medianoche del primero de noviembre, que se efectúa cerca de donde está la estatua a Morelos, las mujeres y niños comienzan un recorrido solemne hacia el cementerio.

137

❀ The *Teruscan* Ritual in Janitzio

A *Teruscan* (reunion) ritual takes place on November first early in the evening. This is a game played by P'urhepecha youth and they "steal" corn, flowers, fruit, and squash from houses and fields. All of this is done in jest and merriment and is an event organized with permission of the authorities. In fact adults wait for the young men to return to the temple or the *Guatapera* (the communal house of the P'urhepecha people). The "loot" is then cooked in a large kettle and served to participants as part of vigil activities.

Later, after a musical performance at the foot of the Morelos statue, the women and children begin the solemn pilgrimage to the cemetery. This occurs around midnight.

138

El Canto de los Pájaros

¿Adónde irá la luz que late entre las sombras?

¿Qué misteriosa risa se quema entre mis manos?

Hoy el tiempo ha crecido, se hace mayor la noche,
la esencia de los frutos perfuma los sepulcros
y alimenta las almas de aquellos que se fueron:
papá, mamá, hermanitos Qué alegre el *cempasúchitl*,
qué amarilla la espera.

Cociné los recuerdos, bordé entre llama y llama
emoción de alcatife. Os traigo el cirio dulce de la melancolía.

La puerta de la tumba la vislumbro entreabierta
que esta noche ya siento el canto de los pájaros
a contraluz de cirios.

Serenidad de flores, luciérnagas sagradas,
halo contemplativo, fluorescencia divina,
reflexión confluente con el viejo sendero.

La puerta ya se abre y el corazón me danza,
aleteo de luces al ritmo de las llamas
y la canción de fondo, arrullo misterioso,
adornando mi ofrenda.

Julie Sopetrán
(Poetisa española)

The Song of the Birds

Where does light that beats in the shadows go?

What mysterious laugh burns in my hands?

Today time has grown, and the night grows older
the essence of the fruits cover the tombs
and feed the souls of those who are gone
father, mother, little brothers. How cheerful
the *cempasuchitl* that friends hope.

Savoring the memories, embroiled in the flames
emotion of a fine rug. I bring the sweet candle of the sadness.

The door of the tomb left slightly ajar
tonight I feel the song of the birds
in the reflection of the candles.

Serenity of flowers, sacred glow,
contemplating aura, divine fluorescence,
conflicting reflection of the old path.

The door opens and the heart dances,
flickering of the lights to the rhythm of the flames
and the musical background, mysterious lullaby.
decorating my offering.

Julie Sopetran
(Spanish poet)

139

Día de los Muertos ❧ Pasión por la Vida

LA VELACIÓN NOCTURNA EN LOS
Hogares y en los Cementerios

NIGHT VIGIL IN
Homes and in the Cemeteries

142

Vigilia Nocturna en los Hogares

✿ Cuanajo

En la región de Pátzcuaro, la población de Cuanajo celebra la velación nocturna el primero de noviembre. Es tradicional crear altares hermosos y ofrecer caballitos de madera, hechos por familiares y amigos para honrar el alma de una persona fallecida durante el año en curso. Al mismo tiempo que su pobladores cumplen con la tradición, conviven con quienes llegan a visitar la ofrenda. Las mujeres llevan canastas cubiertas con servilletas bordadas llenas de frutas y vegetales y al igual que en muchas poblaciones, después de depositar la ofrenda frente al altar, la dueña de la casa le devuelve la canasta con tamales como una señal de gratitud y reciprocidad.

Los hombres, cercanos a la familia, ofrecen un caballito de madera (*huatzari*), al que le cuelgan frutas, flores y pan. El caballito es adornado con pequeñas flores amarillas silvestres que crecen en el campo y que se conocen con el nombre de Santa María. Este caballito es transportado al día siguiente al cementerio.

El ritual de crear un caballito de madera en Capula es similar al ritual de San Ángel Zurumucapio en la Meseta P'urhepecha. Sin embargo, en San Ángel solamente se ofrece un caballito como homenaje al alma del fallecido. En cambio en Cuanajo el número de ellos que se ofrendan es amplio y en muchas ocasiones cubren toda el área de la habitación donde se levanta el altar.

Diferente a lo que ocurre en San Ángel en donde los familiares lo llevan de regreso a la casa, el caballito que se elabora en Cuanajo sí se queda en el cementerio, sobre la tumba del fallecido, con la misión de ayudar al ánima cuando regrese al *warkicho*, su lugar de descanso.

Night Vigil in Homes

✿ Cuanajo

East of Patzcuaro, still in the lake area, the village of Cuanajo celebrates a night vigil on November first. It is their tradition to have beautiful altars and to set out little wooden horses, which relatives and friends make in honor of a recently deceased soul. The horses and the altars are measures for remembering a deceased person. Spending time together is also a very important part of this tradition, so relatives and neighbors visit homes holding vigils. Women typically take baskets covered with embroidered napkins and filled with fruit and vegetables, and deposit these gifts in front of the altar. The owner of the home then returns the basket with tamales as a gesture of gratitude and reciprocity.

Men who are close with a family take a wooden horse called a *huatzari* to the home of the family holding the vigil. The horse is decorated with fruit and bread and is covered with small yellow flowers called Santa Maria. This native flower grows wild in the area and is picked specifically for this purpose. A number of horses can be taken in by a family on any given vigil. The next day all the horses are taken to the cemetery.

The ritual of giving a wooden horse in Cuanajo is similar to the ritual of giving one in San Angel Zurumucapio, which is in the P'urhepecha Plateau; however, only one horse is offered to the soul during San Angel's vigil, whereas many wooden horses are usually offered to the souls in Cuanajo. Furthermore, relatives in San Angel take the single horse back to the house after the vigil

✿ Santa Fe de la Laguna

En Santa Fe de la Laguna, el ritual de muertos en el hogar consiste en hacer un altar-ofrenda, en honor a la persona fallecida, como una forma de darle la bienvenida. Los pobladores tienen la seguridad de que el alma de quien murió en el año en curso llegará a recibir el homenaje de amor que sus familiares y la comunidad en general le brindarán durante la celebración de Día de los Muertos.

El arco para los adultos, llamado *Uirhimukua*, puesto al atardecer del primero de noviembre, marca la línea divisoria entre los vivos y los muertos, ya que según las creencias de los habitantes de esta población, es por donde llega el alma al volver a su hogar. La mesa del altar se cubre con un mantel bordado con punto de cruz y deshilado, hecho especialmente para la ocasión. Sobre la mesa se colocan las ofrendas de comida para que el alma se alimente con el aroma de esos alimentos.

El altar se decora también con guirnaldas de *cempasúchitl* colgadas del techo de la habitación creando, por la forma semicircular, un movimiento siempre presente representado por el ir y venir de los visitantes durante toda la noche. Además, se hacen varas largas decoradas con panes, manzanas y plátanos colocadas en lugares estratégicos en la habitación. Las velas se encienden y junto a la ofrenda se prende el incensario para purificar el ambiente.

La noche del primero de noviembre las señoras visitan las casas donde hay una ofrenda. Al atardecer comienza un desfile de visitantes que llegan con charolas llenas de diferentes clases de frutas, vegetales y velas cubiertas con servilletas bordadas. Las frutas y vegetales son productos básicos de la región: chayotes, calabazas, naranjas, mandarinas, guayabas, plátano y maíz. Al entrar, las mujeres se arrodillan frente al altar y esperan al familiar más cercano para entregar sus ofrendas que la dueña de la casa coloca sobre un petate extendido al pie del arco. Después de varias horas prácticamente todo el suelo de la habitación queda cubierto de fruta. Sobre el piso, junto

144

at the cemetery, whereas the horses in Cuanajo stay on the tombs in the cemetery. The horses mission is the same in both villages: To help a soul return to *warkicho*, the place of rest. *Warkicho* is also known as *Mictlan* in other villages.

✿ Santa Fe de la Laguna

Santa Fe de la Laguna is also part of the Lake Patzcuaro region. Part of the ritual for the dead in this town consists of constructing an altar in honor of the deceased. This is a symbol of welcome since the villagers believe the soul arrives each year to receive a tribute of love from his or her relatives as well as the community on Day of the Dead. Their arch, called a *Uirhimukua*, is put in place at sunset on November first and marks the dividing line between the living and the dead. According to native belief, this is where the soul first arrives on its way back home. An altar table is covered with a tablecloth, embroidered with cross-stitch and openwork, and made especially for this occasion. Food offerings are placed on the altar so that the soul can feed on the aromas.

Once the altar and ceiling are decorated with garlands, creating many semicircular shapes, visitors come and go throughout the night. Long rods decorated with bread, apples, and plantains are placed strategically throughout the room for visitors to see. The candles are lit and next to the offerings is the copal burner, that purifies the environment.

On the night of November first, natives of Santa Fe de la Laguna visit each house where an offering is set up. At sunset a parade of people start to appear. The women arrive with trays full of fruits, vegetables, and candles; each basket is covered with an embroidered napkin. The fruits and vegetables are basic foods of the region: corn, chayotes, yams, oranges, tangerines, guavas, and plantains. It is a tradition

146

al altar, ponen otros petates para que los visitantes se sienten. Como retribución, las mujeres de la casa preparan pozole desde el día anterior, que sirven a quienes llegan. Frente a ellos colocan como ofrenda un plato de pozole — una sopa hecha con carne de puerco—, junto con otro plato que contiene todos los ingredientes necesarios como cebolla y rábanos picados, cilantro, sal y limón, para que cada persona condimente el pozole según su gusto. En algunos hogares, en lugar de esta sopa preparan tamales que sirven con atole o chocolate caliente. Durante la noche, en un momento determinado, se realiza un ritual especial de oraciones al pie del altar.

Hasta hace poco se hacía el altar-ofrenda ricamente decorado durante tres años seguidos, pero dada la situación económica actual, se realiza solamente el primer año. El arco, que la familia elabora con tanto cuidado y amor, queda puesto hasta que las flores se marchitan. Por lo general, se lo puede ver en las casas por algunas semanas seguidas.

La cruz que ponen en el altar es llevada al día siguiente al cementerio para colocarla en la tumba, junto con las flores y canastos llenos de la fruta que recibieron durante la noche. El dos de noviembre casi todos los habitantes de Santa Fe de la Laguna permanecen en el cementerio hasta las cinco de la tarde, hora que el sacerdote celebra la misa. Diferente a otros cementerios sólo una vela es encendida en cada sepulcro.

Resalta el diseño de las ofrendas nuevas que llevan al cementerio para honrar el alma de los niños. Representan pequeñas capillas o altares diminutos llamados "armazón". La construcción está hecha de madera forrada con papel de color. El blanco y rojo representa a un niño fallecido; el blanco, azul y turquesa representa a una niña.

Es importante señalar que en Santa Fe de la Laguna la celebración para los niños se hace también en el hogar. El 31 de octubre los padres de los niños que han fallecido, hacen una "fiestita" en honor del alma. Durante la reunión cuelgan bananas y frutas en el armazón, en tanto que los padrinos cooperan con el pan de muerto y las figuritas de azúcar. En las fiestas en honor de los niños,

for the women to kneel in front of the altar and wait for the closest family member to collect their offerings. The host places the gifts on a mat spread out at the foot of the arch. After several hours, an entire floor is covered. In addition, mats are offered for the visitors to sit on. The women of the house serve *pozole* – a soup made from pork meat. The soup is a gift to the guests in return for the offerings and is prepared the day before. Also, side dishes containing complimentary ingredients such as chopped onion, radishes, cilantro, salt, and lemon are placed nearby so each guest may season the *pozole* according to taste. In some homes, tamales with *atole* or hot chocolate are served instead. A night prayer ritual takes place and is held at the foot of the altar.

Until recently in Santa Fe de la Laguna, altars were erected for three consecutive years after a person died. However given the economic situation in Mexico, it is only now done the first year. The arch, which each family makes with much care, remains standing until the flowers wither. In general the arch can be seen in houses for up to several weeks, until the family decides to take it down.

A cross, which is also placed on the altar, is taken to the cemetery the following day on November second and placed on the tomb with the flowers and baskets. Families renew their feelings of love and devotion for the deceased, and many people from Santa Fe de la Laguna stay at the cemetery until after mass, which begins around five o'clock in the afternoon. Unlike at other cemeteries, only one candle is lit on each tomb in Santa Fe de la Laguna.

The offerings for children stand out at the cemetery. These are small chapels and little altars called "frames." Their construction is of wood, and they are covered with colored paper. White and red signal a boy has died; while, blue, white, and turquoise signal a girl has died.

se sirve: atole y tamales. También es costumbre en Santa Fe de la Laguna que los padrinos de bautizo y confirmación organicen una "fiestita" cuando el niño muere.

La Vigilia Nocturna en los Cementerios

❀ Janitzio

La isla de Janitzio atrae a un porcentaje muy elevado de visitantes deseosos de vivir la experiencia de la noche de muertos. Una de las razones puede ser la belleza de la isla o el diseño de las casas con sus paredes blancas con techos de teja roja. O tal vez sea por la leyenda que refiere que en esa noche, se hacen presente los espíritus de la Princesa Mitzita, hija del rey Tzintzicha, y del Príncipe Itzihuapa, hijo de Tare y futuro heredero de Janitzio. Estos dos jóvenes, que según la leyenda siguen locamente enamorados, no pudieron desposarse impedidos por el arribo intempestivo de los españoles. Cuando el rey Tzintzicha fue apresado por orden del conquistador Nuño de Guzmán, Mitzita quiso rescatarlo dando a cambio un tesoro fabuloso que se encontraba sumergido en el lago entre Janitzio y Pacanda. A tratar de extraerlo, el esforzado Itzihuapa fue atrapado por veinte sombras de remeros que lo escondieron bajo las aguas sumergiéndose con él. Así, Itzihuapa quedó convertido en el vigésimo primer guardián de esas riquezas fantásticas.

La leyenda dice que durante la noche del Día de los Muertos, los guardianes del tesoro despiertan al sonido del lúgubre tañido de las campanas de Janitzio y suben la empinada cuesta de la isla. Los dos amantes, la princesa Mitzita y el príncipe Itzihuapa, se dirigen al panteón para recibir la ofrenda de los vivos; bajo la plateada luz de la luna se musitan palabras cariñosas y se ocultan de las miradas indiscretas tras las llamas inciertas de las velas. ¡Qué nadie interrumpa sus coloquios amorosos!

 148

It is important to note that in Santa Fe de la Laguna the celebration for the children is done at home rather than in the cemetery. On October 31st, parents of deceased children throw a party in honor of their dead child's soul. At this party, they hang bananas and other fruits on a frame they made for the child. Godparents help hang bread and little sugar figurines also. It is customary to serve atole and tamales during a celebration for a child. It is also a custom in Santa Fe de la Laguna for the baptism and confirmation godparents to organize the party after the child dies.

Night Vigil in the Cemeteries

❀ Janitzio

The island of Janitzio attracts many visitors for the night vigil of Day of the Dead. One reason may be the island's beauty, the architecture of the homes with their white walls and red tile roofs. Perhaps it's the allure of the romantic legend that claims the ghosts of Mitzita, the daughter of King Tzintzicha, and of Prince Itzihuapa, the son and heir of King Tare, visit on that night. It is said that Itzihuapa and Mitzita shared a passionate yet unrequited love due to the unexpected arrival of the conquistadors. Legend goes that King Tzintzicha was arrested by order of the Spanish conqueror, Nuno de Guzman. Mitzita hoped to exchange the treasure laying at the bottom of the lake between Janitzio and Pacanda for her father's freedom. When her beloved Itzihuapa went for the treasure, he was overwhelmed by twenty ghost boatmen guarding the treasure. They took him beneath the water, and Itzihuapa became the twenty-first guardian of these fantastic riches, never to see Mitzita again.

149

Día de los Muertos ✿ Pasión por la Vida

Los hombres no entran al cementerio, su papel consiste en ayudar a las mujeres llevando el arco hasta la entrada. A partir de ese punto, ellas lo cargan y los hombres observan desde fuera del cementerio. Los arcos, adornados con fruta y dulces, son colocados en las tumbas. Las velas son encendidas y las mujeres se acomodan para pasar la noche rezando.

La vigilia nocturna concluye al amanecer del dos de noviembre. Sin embargo, muchos visitantes dejan la isla temprano en la madrugada para evitar la neblina que generalmente cubre el lago. A medida que las embarcaciones se alejan de la isla rumbo a Pátzcuaro, se puede observar las luces de las velas que como un manto cubren el cementerio de Janitzio.

✤ Tzintzuntzan

Al atardecer de cada primero de noviembre, en muchos cementerios de la región, las familias se prepara para realizar la vigilia en honor de la almas de los adultos. Uno de ellos es Jarácuaro. De allí el visitante puede continuar a Tzintzuntzan, cuyo cementerio está dividido por la carretera que lleva a esta población. Sus pobladores son reconocidos por la hospitalidad que brindan a los de afuera y la forma como honran el recuerdo de sus muertos.

Allí, los familiares se reúnen por la tarde para encender las velas. Las llamas son protegidas por un cilindro hecho de papel periódico, llamado *cucurucho*, con el objeto de evitar que el viento las apague. Si no ha transcurrido un año desde la muerte de una persona, sus familiares colocan un arco sobre el sepulcro, del cual cuelgan como es tradicional: pan y frutas. Velas de diferentes tamaños iluminan las tumbas y algunas son decoradas con papel picado en forma de mariposas. De acuerdo a sus creencias, en algunas regiones de Michoacán, cuando la persona fallecida parte de este mundo, su alma regresa al plano terrenal como una mariposa durante la

According to the legend, though, on the night of Day of the Dead, all the keepers of the treasure awake to the sound of the bells of Janitzio and climb the steep slope of the island where the royal couple are united once again. Mitzita and Itzihuapa go to the cemetery every year to receive offerings from the living. It is often said that beneath the silver luster of the moon, two specters can be heard whispering tender words to each other by candlelight.

Men are not allowed in the cemetery for the vigil in Janitzio. Their role is to take the arches to the gate of the cemetery. Women take the arches from there to the gravesites while the men observe from outside the gates. The arches, adorned with fruit and candy, are placed on the gravesites. Candles are lit, and it is the women who get ready to spend the night praying.

Janitzio's night vigil concludes after sunrise on November second. Many visitors, however, leave early to avoid the fog that usually covers the lake during that time. As people leave the island, they can see Janitzio's cemetery, bright with candlelight, filled with people.

✤ Tzintzuntzan

In the late afternoon every November first, the Jaracuaro cemetery is prepared for the Vigil of the Adults. Once a visit has been paid there, it is recommended a visitor continue to the village of Tzintzuntzan. The cemetery in Tzintzuntzan is divided in half by a road that leads to town. There are many legends about this cemetery, and the people of the village are known for their hospitality as well as the manner in which they honor the dead.

celebración de Día de los Muertos. Esta es la razón por la que este tipo de diseño se ve en muchas de las tumbas. En esta época del año abundan y los p'urhepechas las protegen porque consideran que las mariposas son sagradas.

❀ Ihuatzio

Ihuatzio fue el centro ceremonial más antiguo de la región lacustre y una de las ciudades p'urhepechas más grandes. Está ubicado en la orilla misma del lago a 12 kms. de Pátzcuaro, siguiendo la carretera Pátzcuaro–Quiroga.

En Ihuatzio la celebración nocturna comienza con danzas folklóricas, típicas de la región. Este ritual de las danzas de Día de los Muertos se ha realizado por muchos años en honor a los fallecidos. Entre las danzas que se presentan en Ihuatzio están las de *"Moros"*, *"Pescadores"*, *"Mariposas"*, *"El Pescador Navegante"* y *"La Danza de los Viejitos"*.

Justo, después de la medianoche se inicia un desfile silencioso. La gente de Ihuatzio cree que las almas de los fallecidos durante el año se encuentran en el limbo hasta que suenan las campanas de la iglesia. En ese momento, creen que son juzgadas por Dios. Todos se dirigen al cementerio a honrar el recuerdo de sus seres queridos.

A la entrada de la población se encuentra el camposanto, en el que ya para las dos de la mañana, los familiares de los fallecidos han colocado las ofrendas. Las tumbas recientemente abiertas, tienen la característica de que son bellamente adornadas con los arcos, llegando a formar una especie de pequeña "habitación" rectangular, con dos o tres arreglos adicionales, que vienen a ser como paredes entretejidas con varas de madera que se cruzan, dejando espacios abiertos para colgar flores, pan y frutas. En el centro y sobre el sepulcro colocan las charolas y viandas cubiertas con servilletas. Estas ofrendas se destacan en la oscuridad, ya que vienen a ser como

152

Natives gather to light candles late in the afternoon. Each flame is protected by a cylinder made out of newspaper. This covering is called *cucurucho* in Spanish. Also, if it hasn't been a year since the deceased passed away, the tomb is adorned with an arch from which they hang bread and fruits. Each tomb is covered with small candles, and some tombs are decorated with *papel picado* (paper butterflies). Each butterfly represents a soul, and according to belief, in some regions of Michoacan, when the deceased leaves this world and passes on to the eternal life, their soul returns to earth as a butterfly for Day of the Dead. This is the reason for the many butterfly designs on the tombs. Moreover, the butterfly is abundant in Mexico. The P'urhepecha believe that they are sacred insects and protect them.

❀ Ihuatzio

During pre-Hispanic times, Ihuatzio was the most ancient ceremonial center of the lake area and one of the largest P'urhepecha cities. It is located at the edge of the lake and is off of the Patzcuaro-Quiroga road. From Patzcuaro a trip takes only a few minutes by car to Ihuatzio.

The Ihuatzio celebration for the night vigil starts with folkloric dances typical of the region. The ritual of dancing on Day of the Dead has been practiced for many years, and they do these dances in honor of the deceased. The native people perform *"Moros," "Pescadores," "Mariposas," "El Pescador Navegante,"* and *"La Danza de los Viejitos."*

Just after midnight a silent parade begins. The people of Ihuatzio believe the souls of the deceased remain in limbo until the first bell tolls at midnight. At this time, it is believed the souls are judged by God. Afterwards the inhabitants of Ihuatzio leave and go to the cemetery to receive and honor their loved ones.

153

154

pequeñas islas iluminadas donde los familiares buscan refugio a la pena que los aflige. En silencio, los parientes rodean la ofrenda, encendiendo constantemente velas para que la iluminación aleje las sombras de la noche. Muchos jóvenes, vencidos por el sueño, extienden sus cuerpos tibios junto a los sepulcros, en un dulce y confiado abandono.

A las cinco de la mañana, familias enteras reunidas alrededor de una bella ofrenda o de una tumba humildemente iluminada, se ponen de pie al iniciarse la misa. Las luces de las velas iluminan con tonos rojizos la figura del sacerdote mientras se escucha el eco de las oraciones con las que responden los participantes. La voz del sacerdote se oye claramente al leer el Evangelio seguido de un corto sermón y antes de acabar la misa, las manos se extienden para darse mutuamente en un cálido apretón, el saludo de la paz. Luego, de una tumba a otra, comienzan a intercambiarse las ofrendas. Ha llegado el momento de consumir lo ofrendado y de volver a los hogares.

❁ San Pedro Cucuchucho

Desde Tzintzuntzan hasta el cementerio de San Pedro Cucuchucho se llega en media hora. Muchos visitantes son invitados a compartir una bebida caliente, un ponche hecho de frutas, que ayuda a sobrellevar el frío de la madrugada. En la noche del primero de noviembre, el camposanto luce hermoso por la iluminación de miles de velas y los arcos que reposan sobre los sepulcros. El reflejo de las velas en el dorado de las flores de *cempasúchitl* hace que el cementerio brille de una forma impresionante. Es difícil encontrar un espacio abierto. Los nativos del lugar, envueltos en mantas, se reúnen en grupos, para pasar la vigilia entre los recuerdos, oraciones y humo de copal. Las velas, de casi un metro de altura, rodean los arcos decorados con *cempasúchitl* puestos en la cabecera de las tumbas. Estos arcos, en forma de pequeñas paredes, son colocados a veces hasta tres de ellos creando un espacio privado, para el recuerdo de los familiares. Este diseño, en particular, se puede observar tanto en Janitzio, como en Pacanda e Ihuatzio.

155

The cemetery is at the entrance of Ihuatzio, and by two o'clock in the morning, many of the gravesites are covered with offerings. The offerings are beautifully decorated with arches forming rectangular rooms with open space to hang flowers, bread, and fruit. On each grave dishes are centered and covered with napkins. The graves stand out in the dark and look like small illuminated islands. They seem to offer comfort to relatives and friends. During a long silent period, relatives surround the burial and keep the candles burning, thus driving away the shadows. Many of the young children, overcome with sleep, lie in sweet abandon next to the graves.

At five o'clock in the morning, entire families gather around offerings or a lit tomb to share mass. Candlelight reflects off individuals while their prayers echo. The priest reads the Gospel loudly and then follows it with a short sermon. Participants give each other a hug as a symbol of peace when mass ends. Afterward they exchange the bread, fruit, and other foods as the moment has come to consume the offered goods. Then they return home.

❁ San Pedro Cucuchucho

It's approximately a half an hour to the San Pedro Cucuchucho cemetery from Tzintzuntzan. Many visitors are greeted with hot punch, which the natives drink to keep the cold at bay. On the night of November first, this cemetery is strikingly beautiful due to the thousands of lit candles and the dozens of arches. As a result of the candlelight reflecting off the thousands of *cempasuchitl* flowers, the entire cemetery appears to glow on its own and not a single dark spot can be seen on the grounds. Furthermore, San Pedro Cucuchucho natives spend the night as part of the celebration of Day of the Dead. They lay out *petates* — straw mats — and blankets

Al igual que en otras poblaciones, los habitantes de aquí envueltos en sus recuerdos y añoranzas, no rechazan al extranjero; todo lo contrario, espiritualmente, extienden su hospitalidad y hablan de sus creencias. Contestan preguntas y comparten las ofrendas, aceptando al visitante como si fuese casi un miembro de su familia.

❀ Pacanda

En la isla de Pacanda, alrededor de la medianoche las figuras de las mujeres protegidas del frío con el clásico rebozo oscuro, se encaminan hacia el cementerio, ayudadas con su carga por los hombres. Llevan en sus brazos: ofrendas, flores, quemadores de *copal* y cirios. En silencio, limpian y adornan las tumbas; prenden las velas y se disponen a pasar la noche en compañía del recuerdo nostálgico de sus seres queridos. Gradualmente aumenta en intensidad la iluminación, auyentando la obscuridad de la noche. Familias enteras comparten oraciones; con sus bebés en los brazos muchas madres jóvenes acunan también sus recuerdos. La noche es larga y los recuerdos son intensos. En tanto que un grupo de niños hace sonar la campana de la iglesia a determinadas horas.

En algunos puntos del cementerio se encienden fogatas, se preparan ponches que las jóvenes se encargan de repartir entre los miembros de la familia y los amigos que velan en las tumbas cercanas. A nadie se ignora en el momento del reparto de la bebida caliente, que ayuda a disipar un poco el frío.

Al acercarse la hora del amanecer, poco a poco se comienza a notar el perfil del árbol que se eleva al fondo del camposanto. La obscuridad se hace menos intensa a medida que pequeñas vetas azules se dibujan en el firmamento para dar enseguida, paso a los tonos rosados del nuevo día que ilumina los rostros cansados de quienes pasaron la noche en vela.

156

and gather to pray as well as to remember their dead loved ones. They typically gather in a circle and stay close throughout the night, strengthening the family bond. The majority of the candles are close to one meter in height and encircle a tomb. The offerings form low walls creating a semi-private space for family members. This type of arrangement can also be seen in Janitzio, Pacanda, and Ihuatzio. Mass takes place at five o'clock in the morning right after the vigil of the dead.

The Cucuchucho people do not exclude visitors. They extend their hospitality and share their spiritual beliefs with them. They answer questions and share their offerings, accepting visitors as if they were members of their own family.

❀ Pacanda

Around midnight the women make their way towards the cemetery, assisted by the men, and prepare to begin the nocturnal vigil. They carry flowers, copal burners, fruit baskets, and wax candles. In silence they clean and decorate the tombs, light the candles, and prepare themselves to spend the night. The glittering of the wax candles gradually grows like a mantle, covering the cemetery and eliminating the darkness of the night. Entire families share prayers carrying babies in their arms; young mothers rock their children while they reminisce. The night is long, and the emotions are obvious. At the church, a group of small children are instructed to toll the church bell at certain times. In some areas of the cemetery, small fires keep people warm. Hot drinks are served by little girls and no one is left out, alleviating the chill of dawn.

Little by little, as dawn approaches, the profile of a tree reaches for the sky. The dark becomes less intense as blue streaks appear giving way to pinkish tones. The dawn seems to soften the weary expression on the faces of those who spent the night at the cemetery.

157

La vigilia nocturna ha sido larga. Los hombres que mantuvieron una actitud silenciosa e inmóvil, cuidando de mantener encendidas las velas con que alumbraron las tumbas, comienzan a agitarse. Las figuras de las mujeres envueltas en los rebozos se paran, desperezándose, al tiempo que las ofrendas principian a ser repartidas. Dos jóvenes piden los frutos de la tierra que adornaron las tumbas durante la noche, mientras que, como por encanto, se va elevando el murmullo de las conversaciones. Los rezanderos, indiferentes al cambio sutil que se produce ante la cercanía del nuevo día, a solicitud de los familiares, continúan rezando rosarios al pie de los sepulcros.

Durante largas horas y bajo la sombra de la noche, los habitantes de Pacanda han acariciado el misterio de la muerte. En el silencio se siente la fraternidad y el gozo de entregarse a su tradición. No es necesario hablar, los nativos de esta isla proyectan, sin palabras, una calidez humana muy profunda que se vuelve casi física, en esa noche de misterio y creencias ancestrales. La magia del amanecer borra la negrura de la noche. Todo toma un tinte dorado, los rostros se levantan hacia el sol ansiosos del calor que brinda a sus miembros ateridos.

Varios jóvenes realizan la colección de ofrendas, que dos horas más tarde, reparten en el atrio de la iglesia a los niños que, durante toda la noche, hicieron oír el sonido de las campanas y a los visitantes que participan en la velación conviviendo con los pobladores de Pacanda en sus creencias y rituales.

Los muertos han recibido su homenaje de amor y respeto. Después de ser recordados por sus familiares, las almas pueden volver a su lugar de descanso. En el ambiente se siente la electricidad de la expectativa de lo que significa el amanecer: un renacimiento, un despliegue de colores y esperanzas a la alegría de vivir.

Al despuntar el día, cada dos de noviembre, con la cara vuelta al sol, los habitantes del área lacustre esperan que el disco dorado se eleve para sentir en la piel y en el alma la vitalidad que da su luz, confirmando que la vida renace con cada amanecer, en particular, en este día después de una larga noche de vigilia comunal.

The night vigil has been a long one, and after spending the entire night awake, almost motionless and in silence, the islanders who kept vigil start to move about. Silhouettes of women wrapped in shawls can be seen standing or stretching and at the same time they distribute the offerings. Youngsters ask for the fruits of the land, and, like magic, the murmur of conversations can be heard. The *rezanderos*, people who pray, seem not to notice the new day and continue to pray next to the tombs at the request of families.

In silence, one can feel the fellowship and joy of giving oneself to the tradition of Day of the Dead. No words are necessary because the islanders project a profound warmth. An evening of mystery and shared ancestral beliefs becomes very tangible; almost instantly, a mystery that surrounds humans regarding death dissipates.

Meanwhile, several young men collect the offerings. These offerings are distributed to the children two hours later at the church atrium. These are the same children who made the bells sound during the night. Also, visitors who are fortunate enough to participate in this experience usually share in the offerings.

The dead have received their homage of love and respect. After being remembered by their relatives, the tranquil souls can go back to their eternal resting place. In this atmosphere one can feel the excitement of what a new dawn means — It is a renaissance, a hope for life's joy and a song of colors.

As dawn breaks on November second, people face the horizon and wait for the golden disc to rise reaffirming that life is reborn.

❀ El Ritual del Campanari

En la mañana del dos de noviembre, en la isla de Janitzio, se realiza el ritual del *Campanari* u ofrenda de los frutos de la cosecha. Estos son recogidos por los mismos jóvenes que la noche anterior participaron en el Teruscan, sólo que en esta ocasión no "roban". El Campanari es una donación que se pregona y solicita en voz alta por las calles del pueblo: *"Campanari, Campanari, Campanari"*. El producto que se obtiene de sus habitantes se entrega al sacerdote quien dice los responsos en el templo, en la tarde de ese mismo día.

Velación de los Adultos en Zirahuén

Zirahuén, con una población indígena y mestiza, está enclavada a la orilla del lago del mismo nombre, en donde la claridad del firmamento se refleja en el azul claro del agua. Este lago es conocido a través de una leyenda "como el espejo de los dioses".

En muchas partes de México, los niños piden contribuciones durante la celebración de Día de los Muertos. Es una actividad parecida a la que los niños realizan en Estados Unidos cuando van de puerta en puerta pidiendo dulces durante Halloween. Por ello no es sorprendente encontrar a la entrada de la población a jovencitos que detienen los vehículos solicitando una "coperacha, para comprar la vela, que ya se terminó".

Temprano en la mañana del dos de noviembre, la vigilia en honor de las almas de los adultos comienza a perfilarse. La mezcla de los arcos tradicionales con los arreglos florales hechos con material plástico se puede notar aquí. Sin embargo, siguen dominando las costumbres indígenas, lo cual es evidente en la decoración de las tumbas. Algunas de ellas están adornadas con una corona plástica,

160

❀ The Campanari Ritual

On the morning of November second, the *Campanari* ritual takes place in Janitzio. This ritual is an offering of fruit and vegetables from the harvest. The same young people who participated in the Teruscan ritual the night before gather on this occasion to collect fruit and vegetables. However, this time they do not steal them. Instead, they request a donation. Throughout the streets, young people scream, *"Campanari, Campanari, Campanari."* The donations that are collected from the people of Janitzio are eventually delivered to a priest who in turn says special prayers in memory of dead ones. These prayers are said in the afternoon and are called *responsos*.

Vigil of the Adults in Zirahuen

Zirahuen rests on the edge of lake Zirahuen, a lake so clean that it reflects a clear blue sky and has been named "mirror of the gods" by legend. Its population is both indigenous and mestizo.

In many parts of Mexico, children ask for *calaveritas* or contributions during Day of the Dead. This act is similar to when the children in the United States go door to door asking for candy on Halloween. Thus it is not untypical to see children in Zirahuen carrying pumpkins and stopping cars to ask for money to buy candles. Many children ask in Spanish for a contribution to "buy a candle that has already burned down."

Early in the morning of November second the vigil for adults begins in Zirahuen and takes place at the cemetery. The mixture of traditional arches with more modern plastic wreaths is noticeable; however, old indigenous customs still continue to dominate and are

Day of the Dead 🌸 A Passion for Life

162

al mismo tiempo que está colocado en la cruz de madera un chayote cocinado y un poco más abajo, una mazorca de maíz tierno. La durabilidad de los arreglos plásticos hace atractivo su uso y compra.

Es costumbre que la familia llegue al cementerio acompañada de la banda del pueblo. Sobre el sepulcro, las mujeres extienden varios manteles blancos bordados por ellas. Cada mantel con el que cubren el montículo levantado representa a un miembro de la familia de la persona fallecida. Acomodan en la cabecera las coronas de plástico, las ofrendas de flores naturales y rodean la tumba con las tinajas llenas de frutas y de vegetales hervidos, que después de los rezos, reparten a los presentes.

La rezandera se convierte nuevamente en la figura central de este ritual religioso. Pero en esta ocasión las oraciones para los adultos son diferentes:

> "Bendita sea la gloria,
> no tiene comparación;
> cuando el pecador se salva,
> se regocija el Señor".

Se escuchan rezos del Ave María de toda la familia reunida alrededor del sepulcro, bellamente decorado, a la que le siguen cantos litúrgicos. La banda no deja de interpretar música regional donde se ofrece una ofrenda nueva.

evident on all the decorated tombs. Many of the tombs are adorned with a plastic wreath, a wooden cross, cooked *chayote*, and an ear of ripe corn. Today, the durability of plastic arrangements make them convenient and attractive purchases.

It is not uncommon for families to arrive to the cemetery accompanied by a town band. Women spread out embroidered tableclothes and cover the mound of the tomb. Each tablecloth is handmade and represents a family member of the deceased. Plastic wreaths and natural flowers are placed at the headstone, and the tomb is surrounded by pots full of offerings. The offerings are later distributed among family and close friends.

The *rezandera* or prayer-lady is a central figure in their religious ritual. At the vigil of the adults, her prayers are different from the prayers that were offered at The Vigil of the Little Angels. The following prayer is given for adult souls:

> Blessed be the glory
> there is no comparison
> when a sinner is saved
> God rejoices.

Typically, Hail Mary prayers follow and then church songs, and the entire family gathers around the tomb to listen. A band plays regional music continuously throughout the morning of the vigil.

Día de los Muertos ❀ Pasión por la Vida

DÍA DE LOS MUERTOS EN
la Ciénega y la Cañada

DAY OF THE DEAD IN
the Cienega and the Canada

165

Día de los Muertos ❦ Pasión por la Vida

La Celebración en la Ciénega de Zacapu

✿ Zacapu

Zacapu fue el primer sitio donde se asentaron los p'urhepechas en el siglo XII. En la actualidad es una ciudad comercial muy dinámica, lo que ha dado lugar a que surja un mestizaje muy marcado.

Visitar los cementerios aquí es encontrarse con un panorama completamente diferente a lo que se observa en los cementerios rurales. Se ha perdido en parte la forma tradicional de sepultar a los muertos y la manera de recordarlos. Muchos de los elementos acostumbrados: el arco, las ofrendas o las servilletas bordadas no se ven. El nuevo cementerio está ubicado en un sitio lleno de árboles frondosos que le dan una sombra muy agradable. Allí, alternando con mausoleos de estilo europeo se ven bloques de tumbas rectangulares que se elevan del suelo, con una altura de siete a ocho pies para ofrecer espacio en el cual sepultar a por lo menos tres cuerpos. El color dorado del *cempasúchitl* se observa sobre las tumbas, pero igualmente sobresalen el blanco y rojo de los gladiolos.

✿ Tiríndaro

Tiríndaro es una de las poblaciones rurales que forman parte del municipio de Zacapu. Las familias se dan cita en el cementerio desde el 31 de octubre por la tarde para enrosar la Cruz del Descanso con flor de *cempasúchitl* y de ánima. La cruz está ubicada a corta distancia de la entrada del camposanto y es allí donde se colocan los féretros para una oración final antes de sepultarlos. Tanto el

The Celebration in the Cienega of Zacapu

✿ Zacapu

Zacapu was the first place where the P'urhepecha people settled in the XII century. Nowadays it is a commercial and dynamic city and has a diverse population.

The traditional aspects of burying and remembering the dead are different from smaller villages. Many of the traditional elements are missing in Zacapu; that is, the arches, the offerings, the embroidered napkins, and other elements traditionally used by the P'urhepecha people are not evident. The new cemetery is full of tall trees that offer refreshing shade; European style mausoleums, blocks of tombs as high as eight feet have been erected. The *cempasuchitl* flower is still present on tombs however, but they share space with non-traditional red and white flowers.

✿ Tirindaro

Tirindaro is one of the villages that is part of the Zacapu municipality. Families go to the cemetery on October 31st in the afternoon to cover a cross with *cempasuchitl* and anima flowers. This symbol is called a Resting Cross and stands close to the entrance of the cemetery. At it, family members give their last prayers and say a final good-bye to their dead. On November first and second, families

primero como el dos de noviembre las familias acuden para adornar las tumbas y pasar el día acompañando a sus seres queridos. Para sus habitantes es muy importante conservar la forma tradicional de honrarlos. Lo mantienen como un legado de sus antepasados.

Aunque en Tiríndaro se observa la costumbre de usar coronas hechas con material plástico, son las decoradas con flores naturales las que resaltan por la hermosura de sus diseños. Las adornan en el centro con un musgo llamado "Flor de piedra" y colocan en la parte de afuera cucharillas de palma, dándoles la forma redonda. Sobre el montículo de tierra extienden un mantel bordado con punto de cruz y las ofrendas cubiertas con servilletas también bordadas. Uno de los platillos tradicionales que se ofrece a las almas es *chapata*, un dulce que se prepara con harina y azúcar. El uso del *cempasúchitl* en el adorno de las tumbas es espectacular.

María de Jesús Simón Martínez nació en Tiríndaro y desde que tiene uso de razón recuerda haber participado en el ritual. "Tenemos la creencia de que las almas regresan, por eso les hacemos un altar en la casa y traemos al cementerio las ofrendas, para compartirlas con nuestros difuntos. Colocamos sobre la tumba una vela por cada una de las almas de nuestros familiares. Son varios los que tenemos aquí y hemos adornado sus sepulcros, pero en mi caso me concentro en ésta en particular y aquí velo a varios miembros de mi familia", dice al señalar las veladoras que al atardecer iluminan no sólo la fotografía de su madre colocada sobre la tumba, sino también los colores vibrantes de las flores.

⚙ Zipiajo

La celebración de Día de los Muertos se inicia en Zipiajo honrando el alma de los niños. Son los padrinos los que hacen el arco el 31 de octubre y lo colocan en la tumba del ahijado al día siguiente. Este arco es confeccionado en la casa de los padres, quienes ofrecen platillos especiales a sus visitantes como caldo, tamales, churipo y corundas.

 168

return to the cemetery to adorn the tombs and spend the whole day close to their dead ancestors. They feel a responsibility of doing it in this traditional way.

Even though there are some plastic flower arrangements, there are still arrangements made of natural flowers. The wreaths typically have a plant called the Stone flower at center, and around the outside, "palm spoons" give the wreaths their round shape. One of the traditional dishes of this town that families offer to their dead is called *chapata*, a sweet pastry made of flour and sugar. The use of the *cempasuchitl* flower around the tombs is spectacular.

Maria de Jesus Simon Martinez was born in Tirindaro, and she has been going to the cemetery to participate in this ritual since an early age. "We do the altars at home and bring the offerings to the cemetery and share them with our dead because we believe that their souls come back. We place a candle on the tombs for each soul that we remember. Several members of my family are buried in this cemetery. We have adorned their tombs, and I am making the vigil in honor of all of them," she says pointing to the candles that light a photograph of her mother.

⚙ Zipiajo

The celebration of Day of the Dead starts in Zipiajo with honoring the children. Godparents build arches on October 31st; these arches are placed on the tomb the following day. An arch is made in the parents' home while the parents serve dishes such as tamales, *churipo* and *corundas*.

Day of the Dead ✿ A Passion for Life

170

La antropóloga Aída Castilleja comenta que las relaciones especiales que están latentes en la comunidad se activan cuando hay que cumplir un compromiso. "Es muy importante ver cuál es la armadura que hay detrás de esa acción ritual que es la que la sostiene". En el caso de la ofrenda para los adultos son las hijas, las ahijadas y las nueras las encargadas de realizar todo el trabajo que implica la preparación de los tamales. Ella señala que en el cementerio de Zipiajo existen dos patrones distintos en la forma de arreglar las tumbas: En primer lugar, hacia la izquierda está el camposanto de El Cabrero, un rancho con población mestiza. Allí los parientes sólo ponen coronas hechas de plástico y no acostumbran a colocar ofrendas. En cuanto a las tumbas de los que habitaron en Zipiajo, ubicadas en el lado derecho del cementerio, sobresalen en este cementerio el enjarre de la tumba que lo hacen las mujeres a los siete años de haber fallecido una persona. Es un cuidadoso y laborioso trabajo que consiste en reacomodar y alisar con lodo la cubierta y los lados del montículo de tierra. Este trabajo lo hacen ellas con sus manos y está relacionado con su tradición de alfareras. En otros casos, se observa en el cementerio las tumbas que maestros albañiles contratados hacen con cemento.

El dos de noviembre, el camposanto cubierto de flores, predominando el amarillo del *cempasúchitl,* resplandece bajo el sol de la tarde. Aquí también se ven coronas de plástico, pero siempre rodeadas de los arcos cubiertos de flores naturales. En el caso de muertos nuevos, sobre el sepulcro se acumulan las coronas y los arcos en gran profusión, incluso en algunos casos se utilizan para crear una pequeña habitación cubierta de una especie de carpa, debajo de la cual los familiares oran y comparten los alimentos. Hay que señalar que el diseño del arco, es diferente al que se hace en la zona lacustre. El que se ve en el cementerio de Zipiajo es vertical con la parte superior formando un semicírculo, eso sí todo cubierto con flores de *cempasúchitl*, panes, frutas y dulces de azúcar colgando de diferentes puntos.

Anthropologist Aida Castilleja says that particular tasks get activated when people have to support other members of the community. "It is important to see the relationships behind the rituals. In the case of offerings for the adults, the daughters, the step-daughters, or daughters-in-law become responsible for preparing the tamales."

The cemetery in Zipiajo is divided into two parts notes anthropologist Castilleja. To the left is El Cabrero, a graveyard dedicated to the *mestizo* people. There, relatives decorate with plastic wreaths and usually don't place offerings. To the right is a graveyard dedicated to other Zipiajo residents. These tombs are covered and shaped with clay seven years after a person's death. Women are traditionally responsible for doing this and do so with bare hands. In some cases, however, hired construction workers can be seen doing the same work, but with cement instead.

For the celebration of Day of the Dead, the people of Zipiajo go to the cemetery on November second. The graveyard is covered with flowers, predominantly with *cempasuchitl* and is resplendent beneath an afternoon sun. Plastic wreaths are seen on top of some graves, surrounded by flower-covered arches. In cases of newly dead, wreaths and arches are profuse. In some elaborate cases, they are even seen to create small rooms covered with a type of awning under which the families pray and share food. The design of the arch in Zipiajo is different from ones of other villages. Here they take on a vertical shape with a semicircle placed on top. The entire structure is covered with *cempasuchitl*. Bread, fruit, and sweets are hung from different parts of it as well.

La Celebración en la Cañada de los Once Pueblos

✿ Huáncito

Días antes de la celebración se organiza en Huáncito, encabezada por las autoridades del pueblo, la faena para limpiar el cementerio. Con un 80% de su población p'urhepecha, en Huáncito los sepulcros se marcan con piedras alrededor. El primero de noviembre se arreglan las tumbas de los difuntitos — niños — y el día dos la de los adultos. Se cubren con flores, con los canastos en los que llevan la ofrenda y con velas alrededor. La ofrenda se comparte entre parientes y amigos. Además de las flores, las frutas, las velas y el pan, se incluyen con la ofrenda figuras de barro hechas en Ocumicho, un pueblo de la Sierra. Estas figuritas y silbatos con forma de animales son comunes, en particular del tecolote o *Tukuru*, por asociarse con los muertos. Los silbatos sirven para llamar el alma. Hace unos años estos objetos se intercambiaban por flores, en la actualidad se compran. Ese día los padrinos dan a su ahijados este tipo de objetos y otros juguetes para que ellos los coloquen en las tumbas de sus familiares.

Con la comercialización de las coronas de plástico ha variado la forma de arreglo en las tumbas, aunque también están presentes las flores naturales. El *cempasúchitl* y otras flores frescas son colocadas sobre las plantas de agave que cubren muchas de las sepulturas en este cementerio. En cuanto a las miniaturas de barro de Ocumicho se han ido sustituyendo con otras hechas de diferentes materiales, aunque siguen siendo objetos asociados con la muerte y los difuntos. El remplazo de dichos objetos por elementos nuevos no sustituye la alusión por lo pequeño, que en la época prehispánica era representación de lo que hay en la vida de aquí para llevarlo a la otra.

172

Day of the Dead in the Canada of the Eleven Towns

✿ Huancito

The task of cleaning the cemetery is organized days beforehand in Huancito and is led by the village authorities. Eighty percent of the Huancito population is P'urhepecha. As in some other villages of the region, the tombs are marked with rocks. Rocks are placed around the edges outlining the tomb. On November first the tombs for the children are arranged, and on November second the adult tombs are arranged. They are covered with flowers and baskets filled with offerings. Candles are set all around. As custom dictates, the offering is shared among relatives and friends. In Huancito, though, besides the flowers, fruit, candles, and bread; clay figurines made in Ocumicho are included in the offering. These figurines and animal-shaped whistles are common, particularly owls called *Tukuru* in P'urhepecha; This is due to their association with death. The whistles are used to call to the soul. Some years ago these objects were traded for flowers, but now they are purchased. In preparation for the vigil in the cemetery, godparents give their godchildren these momentos along with other toys, so they can place them on relatives' tombs.

With the commercialization of plastic wreaths, the way of decorating tombs has changed even though *cempasuchitl* and other fresh flowers are still placed over the agave plants that cover many of the graves in this village. Also, clay figurines from Ocumicho have been substituted with others made of different materials. The new figurines continue to be associated with death. The substitution still recognizes the tribute to small things, which, in the pre-Hispanic era, were representations of what was available to take to the next life.

Day of the Dead ❧ A Passion for Life

Día de los Muertos 🌼 Pasión por la Vida

Enfocando en el amplio uso de las coronas de plástico, particularmente en el cementerio de Huáncito, la antropóloga Aída Castilleja señala que lo importante es observar si se mantiene el sentido de la ofrenda. En un primer momento se puede pensar que la costumbre está cambiando, pero mientras no se cambie el sentido de lo que se hace y se mantengan ciertas lógicas así como ciertos códigos culturales, lo que sobresale es la capacidad de adaptación del pueblo p'urhepecha. Por supuesto, aclara ella, esto llega a ser muy frágil porque en un momento dado el objeto puede modificar el sentido. Específicamente el plástico puede modificar el sentido de que las coronas eran elaboradas con flores naturales.

"Cuando el cómo saber hacer es sustituído por la moneda a través de un intercambio comercial, probablemente se esté modificando el sentido del trabajo de hacer las cosas. La ofrenda no es solamente el objeto que se da sino el trabajo que está atrás de ella. Lo que es vital en los p'urhepechas es esa gran capacidad que tienen de elaboración y de adaptación a condiciones distintas. Cuentan con una gran creatividad para adaptarse y para incluir objetos e ideas. Sin embargo, esta cuestión de la matriz cultural, de códigos comunes son estructuras muy profundas que difícilmente se modifican", aclara la antropóloga Castilleja indicando que no es una adaptación pasiva, se trata de una adaptación selectiva. Los p'urhepechas saben qué es lo que van a mantener e integrar y qué es lo que deben desechar. Se basan en la lógica de los códigos culturales en función de los cuales se rigen. Señala como ejemplo lo que ha ocurrido en Uricho y que ha documentado a través de los años.

"En Uricho, un pueblo del área lacustre, se seguía enterrando en el atrio de la iglesia. Oficialmente no debía haber existido porque en La Reforma se establecieron los cementerios civiles, para separarlos de la iglesia. En Uricho continuó pero tuvo que tomarse la decisión de sacarlo porque no cabían más sepulturas. Se compró otro predio fuera del pueblo para realizar las sepultaras allí.

"En esa población, aparte de la ofrenda propia de cada familia, se hace una ofrenda de la comunidad: un arco inmenso que implica mucho trabajo. Los habitantes comentaron que los difuntos enterrados en el nuevo cementerio se iban a confundir si sólo se hacía

175

Anthropologist Castilleja emphasizes the importance of discerning whether the original meaning of an offering stays intact or not when a substitution takes place. In reference to the wide use of plastic wreaths, she says someone may think a tradition or symbol is being lost at first glance; but according to her, if the purpose doesn't change and the cultural beliefs stay the same, the symbol or tradition is just as important. What is more significant is the capacity the P'urhepecha people have for adaptation.

"Things have changed since the introduction of paper money through commerce. What is vital to see, however, among the P'urhepechas is their great capacity to elaborate and adapt to different situations and conditions and include new objects and ideas. Though superficial things change, the core of the belief system stays the same among the P'urhepecha people. The structure is hard to modify," clarifies Anthropologist Castilleja. To her these are not passive adaptations; They are selective ones. P'urhepecha people know what to keep and what to integrate in their life. They base these actions on their cultural beliefs.

To illustrate she uses an example of an adaptation that took place in Uricho over some years:

"In Uricho people kept burying their dead in the atrium of the church. Officially they should not have been doing so because, during the Reform, civil cemeteries were established in Mexico, separating the cemetery from the Church. Things didn't change in Uricho until the atrium became overly crowded. A new cemetery was created then, and people were buried there. For many of the villagers this change was worrisome since they thought that the souls of the people buried in the new cemetery would get confused by the new location.

un arco en el atrio de la iglesia ya que por allí pasan las almas de los ancestros, los que fundaron y mantuvieron la comunidad. Los pobladores decidieron hacer dos arcos, lo que implicó modificar la manera de organización, ya que el trabajo para hacerlos es mucho. Implica una dedicación de varias semanas porque hay que ir al cerro a recoger los palos para el arco y colectar una planta con la que lo adornan además del *cempasuchitl*. La relación de organización, compromiso y saber lo que se tiene que hacer es la estructura básica de la celebración de la tradición.

"En Uricho se hace la armada del arco en el atrio durante la noche del 31 de octubre. No velan a los muertos esa noche, se concentran en el arco que debe levantarse al amanecer del primero de noviembre. Para cumplir con el compromiso de ambos arcos se estableció que en el nuevo cementerio se haga en la tarde del 31 de octubre y en el antiguo, como era tradicional, durante la noche. La ofrenda se recoge y comparte el día dos de noviembre. En el cementerio nuevo llevan a cabo el recoger y compartir la ofrenda más temprano para que la gente vaya al atrio del cementerio antiguo a convivir con sus antepasados. Se adaptaron a esta nueva situación reproduciendo su manera de hacer las cosas, sus costumbres, pero adecuándose a condiciones completamente distintas. Esos cambios y adaptaciones que ocurren son muy interesantes", resalta la antropóloga Aída Castilleja.

La tradición de las comunidades p'urhepechas de convivir con las almas en estas fechas continuará mientras se mantenga la intensidad del recuerdo. Mientras éste perdure en sus familiares, la celebración tendrá lugar cada primero y dos de noviembre en miles de hogares. Las familias seguirán haciendo el arco, preparando las ofrendas y compartiendo la esencia de ellas con sus muertos. Y, al finalizar la celebración, todos seguirán con sus actividades conocedores de que en la siguiente cosecha, al concluir el ciclo del maíz, los productos que la tierra generosamente les dé volverán a ser compartidos con los que se encuentran aquí y con los que cruzaron el río que separa la vida de la muerte.

 176

"In the years when the dead were buried at the atrium and during the celebration of Day of the Dead, it was tradition to place a huge arch at the atrium for the souls to enter through. As part of an adaptation, they decided to make two arches, one for each cemetery. That decision started a new set of customs among the people. The work takes weeks because they must go and look for wood to make the arches. Both arches have to be completed on October 31st. The one for the newer cemetery is made in the afternoon, and the one for the old cemetery is made during the night. The offerings are still shared on the evening of November second; however, people holding the vigil in the new cemetery share a few hours earlier in order to go to the old cemetery and keep a vigil there for any ancestors buried at the site," points out Anthropologist Aida Castilleja.

The tie between the living and the dead during the celebration of Day of the Dead will continue as long as the memory of a loved one lasts. While it endures, the celebration of Day of the Dead will take place in thousands of homes each November first and second. The families will continue to make arches, prepare offerings, and share the essence of these gifts with their dead. And when the celebration is over, everyone will go back to their daily activities; always conscious that during the next harvest, as soon as the corn cycle ends, the products the Earth so generously offers will be shared with those who have crossed the river separating life from death.

Day of the Dead 🌼 A Passion for Life

Recetas Tradicionales

Una tradición del pueblo mexicano es la de recordar a sus seres queridos y honrar la memoria de ellos de una manera especial, a través de la celebración de Día de los Muertos, del que forma parte imprescindible la preparación de los platillos que le gustaban al "muertito". Estas ofrendas culinarias se destacan en el altar rodeadas de la flor de *cempasúchitl* cuyo aroma se mezcla con el del copal. Presentamos a nuestros lectores algunas recetas fáciles de preparar y muy tradicionales de Michoacán.

❀ **Atole de Guayaba** (*Bebida preparada con maíz y jugo de frutas*)

Ingredientes:

2 1/2 litros de leche

1/2 kilo de azúcar

1 kilo de guayaba

1 raja de canela

1/8 cucharadita de bicarbonato

100 grs. de fécula de maíz

Elaboración:

Se lavan, parten y cuecen las guayabas en agua, se licúan, se cuelan y se agregan a la leche con el bicarbonato y azúcar. Se disuelve la fécula en una poca de agua y se añade la leche. Se pone al fuego lento hasta que espese, sin dejar de mover. Si le falta azúcar añádala antes de que hierva (según sea lo dulce de las guayabas). Se sirve caliente.

❀ **Atole de Galletas María** (*Bebida*)

Ingredientes:

1 1/2 litros de leche

350 grs. de azúcar

6 gotitas de esencia de almendras (opcional)

1 paquete de galletas Marías

1 pizca de bicarbonato.

Traditional Recipes

One of the most celebrated traditions in the Mexican culture is Day of the Dead. In Mexico this celebration is still carried out in a traditional way and many typical dishes are prepared. These dishes are the center pieces for the offering and the altar is decorated with them. Here are some easy to prepare recipes which are well-known.

❀ **Guayaba Atole** (*Beverage prepared with corn and fruit juice*)

Ingredients:

10 cups milk

1 pound sugar

2 pounds guayaba

1 cinnamon stick

1/8 teaspoon baking soda

1 cup corn starch

Preparation:

Wash, cut, and cook the guavas until soft. Drain and transfer to a blender and blend them until liquid. In a saucepan, combine strained guayaba juice with milk, sugar, and baking soda. Dissolve corn starch in water, and add it with the rest of the ingredients. Set the mixture over low heat, stirring constantly until beverage thickens. If needed, add sugar while beverage is still hot. Serve warm.

❀ **Atole of Galletas Maria** (*Beverage prepared with cookies*)

Ingredients:

6 cups milk

1/2 pound sugar

6 drops almond extract

1 package Maria's cookies (Sold at Mexican markets)

1 pinch baking powder

Elaboración:

Se muelen las galletas en seco en una licuadora, se agregan a la leche poco a poco junto con el azúcar, el bicarbonato y la esencia; se pone a fuego lento o en baño María, sin dejar de mover hasta que espese.

✽ **Calabaza en Tacha** (*Calabaza al horno*)

Ingredientes:

1 calabaza de castilla

3 conos de piloncillo

2 cucharadas soperas de cal

1 raja de canela

Elaboración:

Haga varios agujeros pequeños a la calabaza y luego disuelva la cal en tres litros de agua y sumérjala durante una hora. Sáquela y escúrrala.

 182 Hierva el piloncillo y la canela en cuatro tazas de agua, hasta que se forme una miel espesa. Coloque la calabaza en la miel hasta que se impregne por dentro y por fuera. Forre el producto con papel aluminio y colóquelo en un molde refractario. Horneé durante unas horas, según el tamaño de la calabaza. Finalmente pártala en varios pedazos.

✽ **Uchepos** (*Tamales de dulce*)

Ingredientes:

8 - 10 elotes

1/3 taza de leche

2 cucharadas de azúcar

1/2 cucharadita de sal

2 cucharadas de manteca o mantequilla

Elaboración:

Quite los extremos de los elotes. Quite las hojas teniendo cuidado de no hacerlas pedazos y póngalas a un lado. Desgrane los granos

Preparation:

Grind cookies in a blender. Combine all ingredients including cookies in a saucepan, stirring constantly over low heat until mixture thickens. Serve warm.

✽ **Pumpkin in Tacha** (*Baked pumpkin*)

Ingredients:

1 small pumpkin

3 raw sugar sticks - piloncillos (Sold at Mexican markets)

2 teaspoons quicklime - cal (Sold at Mexican markets)

1 cinnamon stick

Preparation:

Cut pumpkin into pieces. Dissolve quicklime into 12 cups of water and cover the pumpkin. Let pumpkin and water solution stand in a covered pot overnight. The following day rinse and drain pumpkin. In a saucepan, add 4 cups of water to raw sugar and cinnamon and cook over medium heat, until mixture thickens and becomes a syrup. Pour syrup over the pumpkin. Then place the pumpkin in a baking dish and cover with aluminum foil. Bake for an hour and a half. Cut into smaller pieces and serve.

✽ **Uchepos** (*Sweet tender corn tamales*)

Ingredients:

8-10 ears of corn

1/3 cup milk

2 tablespoons sugar

1/2 teaspoon salt

2 tablespoons softened butter or lard

1 Steamer basket

Preparation:

Remove husks from corn. Set husks aside. Slice the kernels off the cobs (you should have about five cups). Place the kernels in a bowl. Moisten your hands and use them to stir the kernels; this is so that if any corn silk sticks to your hands, it can be removed. Place one cup of corn kernels in a blender

183

de elote, alrededor de cinco tazas. Ponga los granos en un recipiente, mójese la manos y úselas para revolver los granos y limpiarlos.

Licúe una taza de elote agregando leche a medida que sea necesaria. La consistencia debe ser como de requezón. Haga lo mismo con el resto de los granos de elote.

Bata la manteca o mantequilla agregando el azúcar y la sal mezclándolos bien. En un recipiente con 1/2 pulgada de agua caliente ponga las hojas que estén más duras. En las hojas extendidas ponga como una cucharada de masa, doble la hoja dejándola un poco suelta. En una olla, acomode los tamales cubriéndolos después con hojas de elote. Tape la olla y ponga los tamales a vapor por una hora a fuego lento, hasta que la masa se cuaje.

Deje que los tamales se enfríen por 20 minutos, la hoja se debe separar fácilmente de la masa.

Sirva los tamales en la hoja o sin ella, ponga dos en un plato con salsa o sírvalos solos.

También pueden cocinarse en una olla de presión. Después que escape el vapor, cierre la válvula y cocínelos por 20 minutos.

✿ Pan de Muerto

Ingredientes:

1 cucharada de levadura

1/4 de taza de agua tibia

4 tazas de harina

6 huevos

1 cucharadita de sal

1/2 taza de mantequilla derretida

agua de azahar (opcional)

la clara de un huevo y media yema

azúcar para espolvorear.

Preparación:

Se mezcla la levadura con el agua y 1/3 de taza de harina. Se deja para que doble su volumen. Por otro lado se cierne la harina, en el centro se ponen los huevos, la sal, azúcar, anís, nuez moscada, mantequilla, agua de azahar. Se amasa bien y se le agrega la levadura. Se vuelve a amasar por 15 minutos o hasta que la masa se despeje fácilmente de la superficie.

and blend at high speed, adding milk slowly. Do not blend too much; the mixture should be the consistency of cottage cheese. Repeat until all the corn has been blended. Stir in sugar and salt and mix well. Add softened butter or lard and blend thoroughly. This is the dough.

Place a steamer basket in a steamer and add hot water to 1/2 inch below bottom of basket. Line the basket with the corn husks and steam until they're soft.

Next, take a pliable corn husk, spread it out and place a table-spoon of dough in it. Roll up the husk loosely and fold the ends over the seam. Stack now prepared uchepos in the steamer basket with their seams and ends facing up, being careful not to crush them. Cover with another layer of raw corn husks and place the lid on the steamer. When the water comes to a boil, reduce the heat to low and cook for one hour or until the filling inside the husk appears curdled. Let the uchepos cool for at least 20 minutes so they dry and so dough does not stick to the husks.

Uchepos can be served rolled in the husk or unrolled and placed on a plate. Garnish with salsa or serve them alone.

(Note: Uchepos can also be cooked in a pressure cooker. After the steam escapes, close the valve and cook for 20 minutes.)

✿ Day of the Dead Bread

Ingredients:

1 teaspoon dry yeast

1/4 cup warm water

4 cups all-purpose flour

6 eggs

1 teaspoon salt

1/2 cup melted butter

orange-flower water (optional)

egg wash (1 egg white plus 1/2 egg yolk)

powdered or granulated sugar for sprinkling

1/4 teaspoon aniseed

1/4 teaspoon nutmeg

Se coloca en un recipiente engrasado. Cúbrala con un mantelito y déjela que doble su volumen como por tres horas en un lugar donde no haya corriente de aire y la temperatura sea agradable.

Ponga a calentar el horno a 450 grados F. Haga una bola con una tercera parte de la masa. Antes de meter el resto de las bolas al horno se adornan con huesos, hechos con la misma masa y pegados con huevo batido ligeramente.

Se meten al horno caliente por diez minutos. Baje la temperatura a 350 grados F, y déjelas por 30 minutos más.

Espolvoreé con azúcar y sírva el pan .

✿ Corundas (*Tamales de maíz*)

Ingredientes:

1 kilogramo de maíz

250 gramos de manteca

1/4 de crema

200 gramos de queso fresco

1 cucharadita de royal

2 tazas de ceniza de carbón de madera

1 cucharadita de cal

1 manojo de hojas de maíz verde

4 chiles poblanos

1 cebolla mediana

1/2 kilogramo de jitomate

caldo el necesario

300 gramos de queso panela

Elaboración:

En dos litros de agua se mezcla el maíz, la ceniza, la cal y se pone en el fuego, cuando empieza a hervir se deja 15 minutos, se mueve continuamente y se retira. Se lava el maíz varias veces con agua fría y se frota para que se le caiga el pellejo, se muele para que quede como masa.

186

Preparation:

Combine yeast and water and 1/3 cup of flour. Let mixture stand until it doubles in volume.

Place remaining flour in a large bowl and dig a hole in the center. Place eggs, salt, sugar, aniseed, nutmeg, butter, and orange-flower water inside hole. Beat together, then add yeast mixture, combining it with the dough. Knead on a floured board for 15 minutes or until the dough no longer sticks to the surface. Add flour as needed.

Place the dough in a greased bowl. Cover with a cloth and let rise in a warm, draft free area for three hours or until the mixture doubles in volume.

Preheat the oven to 450° F. Pinch off one third of the dough and form two-inch balls. Roll each ball into a long rope. Mold pieces of the rope to resemble little bones and set aside.

Shape the remaining dough into a round loaf and lightly brush it with egg wash. Place the loaf on a cookie sheet and arrange dough "bones" in a pattern on the loaf. Brush with the remaining egg wash.

Bake for 10 minutes. Lower the temperature to 350° F and continue baking for 30 minutes.

Sprinkle with sugar and serve at room temperature.

✿ Corundas (Corn tamales)

Ingredients:

2 pounds dry corn kernels

250 grams lard

2 cups sour cream

200 grams Feta cheese

1 teaspoon baking powder

2 cups wood ashes (sold in Mexican markets)

1 teaspoon quicklime - cal

1 bundle of fresh corn husks (sold in Mexican markets)

4 toasted poblano chiles

1 medium onion

Se bate la manteca hasta darle consistencia de crema, se le pone el royal, se une a la masa y poco a poco se le añade el caldo, se bate mucho, hasta que esponje.

Cuando una bolita de la masa flote en un vaso con agua fría está a punto.

Se le agrega el queso fresco desmoronado, la crema, sal y se vuelve a batir.

En un poco de manteca se fríen los chiles asados, desvenados y cortados en tiritas, se le añade el jitomate asado, pelado y molido en la licuadora con la cebolla, se cuela y se sazona con sal y pimienta se deja hasta que espese, se le añade el queso panela en cuadritos.

En cada hoja se pone un poco de masa, un poco del relleno y se doblan en forma de triángulo, se colocan en la vaporera y se cuecen por una hora.

¡Disfrute!

1 pound tomatoes

broth as needed

300 grams mozzarella cheese

Preparation:

In two liters of water, soak corn, ashes, and quicklime. Bring to a boil and stir constantly for 15 minutes. Remove from heat. Rinse corn with cold water. While corn is wet, rub the kernels several times until the tough outer coating is removed. Grind corn for the dough.

Whip lard until creamy and add baking powder. Mix thoroughly. Add corn meal. Knead dough, adding broth as needed until dough is fluffy.

Fill a glass with cold water and place a little ball of corn mixture in the water. When the ball floats the dough is ready. Add crumbly cheese, sour cream and salt to the dough. Mix ingredients together. Roast tomatoes, remove skins, and blend with onion and set aside. Heat oil over medium-high heat in a skillet. Cut roasted chiles, skinned and seedless, into strips and add to the hot oil. Add tomato puree to chiles. Season with salt and pepper to taste and leave for a few minutes until sauce thickens. Remove and add small pieces of mozzarella cheese.

Place a tablespoon of dough and a tablespoon of chile mix in a corn husk and fold husk in the shape of a triangle. Put water in the bottom of a steamer and place the now corundas in the basket, covering the corundas with a layer of corn husks. As soon as the water comes to a boil, lower the heat, cover and steam corundas for one hour (25 minutes in a pressure cooker) or until the dough does not stick to the corn husk when it is unrolled.

Enjoy!

187

Responso para el Alma de un Niño

Coro:
Dichoso de ti angelito,
dichoso el día que naciste.
Dichoso tu padre y tu madre
y los padrinos que tuviste.

Dichoso de ti ángel bello
que a la gloria vas a entrar.
Con tu palma y tu corona
y tu vestido de cristal.

Coro

Coronita me has pedido
coronita te he de dar.
Todo te lo he concedido
todo tuviste en tu altar.

Coro

Ya se murió el angelito
válgame Dios que alegría.
Lo recibirán los ángeles
para cantarle a María.

Coro

En aquel jardín de flores
de blanco vas coronado.
Ruega por los pecadores
cuando a la gloria
hayas entrado.

Coro

No llores madre afligida
ni te cause desconsuelo.
Que Dios te tiene escogida
para dar ángeles al cielo.

Coro

Todo de estrellas rodeado
quisiera verme a tu lado.
No te olvides de tus padres
aunque a la gloria hayas entrado.

Coro

Ángel te vas para el cielo
con tu azucena en la mano.
Pídele a María Santísima
perdón para tus hermanos.

Coro

Del Eterno las riquezas
ahora las vas a gozar.
De la Virgen las finezas
y mil siglos a cantar.

Coro

Ya te vas ángel del cielo
con tu fragante amapola.
Con tu vestido de flores
te vas a la eterna gloria.

Coro

Ángel te vas para el cielo
con tu oloroso romero.
No te olvides de tus padres
de ellos harás recuerdo.

Coro

Adiós madre mía querida
trono de toda tu gama.
Ya se va tu hijo querido
nacido de tus entrañas.

Coro

Adiós madre ya no llores
pídele a Dios el consuelo.
Me voy cubierto de flores
me voy derechito al cielo.

Coro

Adiós padres de mi vida
dueños de mi corazón.
A ti clemencia enseguida
y échenme su bendición.

A Prayer for the Soul of a Child

The following prayer is offered by the *rezandera*, the prayer giver. A chorus is inserted after each stanza and is repeated by family members and friends. In Spanish the prayer has a pleasant rhythmic pattern not translated here in English.

Chorus:
Blessed are you little angel
blessed be the day you were born
blessed be your father,
your mother, and godparents.

Blessed lovely angel
as you enter Paradise
with your palm and your crown
and your crystal dress.

Chorus

You asked for a crown,
and a crown you will receive.
All that has been given to you
has been placed at the altar.

Chorus

A little angel has died
my God what joy!
Angels welcome the new one
to serenade the Virgin Mary.

Chorus

In a garden full of flowers
you are crowned in white
pray for the sinners
once you enter paradise.

Chorus

Don't cry anguished mother;
do not lose heart
God has chosen you
to give an angel to heaven.

Chorus

Surrounded by stars
I would like to be at your side
do not forget your parents
as you enter paradise.

Chorus

Angel, you are going to heaven
with a white lily in your hand
ask the Virgin Mary to
forgive humanity's sins.

Chorus

God's riches, you will enjoy
kindness from Virgin Mary
you will receive
songs for centuries to sing.

Chorus

You're leaving heavenly angel
carrying a fragrant poppy flower,
all dressed in flowers
as you enter paradise.

Chorus

Angel, as you enter paradise
with your fragrant rosemary,
do not forget your parents.
Keep their memory with you.

Chorus

Goodbye, beloved mother,
center of your child's universe
your beloved child is leaving
the one born from within you.

Chorus

Goodbye, mother, don't cry
please ask God for comfort
I leave covered with flowers
I'm going directly to heaven.

Chorus

Goodbye, my beloved parents,
keepers of my heart
forgive me
and bless me before I go.

191

Catálogo Fotográfico ❀ Photo Catalog

Portada/Cover:

Jóvenes con rostros pintados, simulando calaveras

Young people with their faces painted.

Contraportada/Backcover:

Puerta del cementerio de Tzintzuntzan, cubierta con flores de *cempasúchitl*.

Door of the cemetery of Tzintzuntzan covered with *cempasuchitl* flower.

Página/Page 1:

Diseño de papel picado.

Design of *papel picado*.

Página/Page 2:

Grupo de fotos de diferentes momentos de la celebración.

Collage of photos showing different moments of the celebration.

Páginas/Pages 4 & 5:

Cantantes ambulantes en Uruapan.

Young boys singing in a food market in Uruapan.

Página/Page 8:

Joven participante en la Velación de los Angelitos en la isla de Pacanda.

A young boy participates in the Vigil of the Little Angels in Pacanda.

Página/Page 9:

Mujer con flores en Huáncito.

A woman with flowers in Huancito.

Página/Page 9:

Una madre decora una tumba en la isla de Janitzio.

A mother decorates a tomb in Janitzio.

Página/Page 10:

Figura hecha con papel maché.

Figure made with paper mache.

Páginas/Pages 12 & 13:

Un hombre mayor vela en el cementerio de San Lorenzo.

An older man holds vigil in the cemetery of San Lorenzo.

Páginas/Pages 14 & 15

Bordado hecho en Tzintzuntzan, alusivo a la celebración.

Embroidered piece regarding the tradition made in Tzintzuntzan.

Página/Page 18:

Los padrinos de boda de Héctor Medina hacen guardia al pie de su altar en Santa Fe de la Laguna.

The wedding godparents of Hector Medina stand by honoring his memory in Santa Fe de la Laguna.

Página/Page 21:

Vigilia de Ofelia en el cementerio de Pacanda.

Ofelia's vigil in the cemetery of the island of Pacanda.

Páginas/Pages 22 & 23:

Una familia vela durante toda la noche en el cementerio de Cucuchucho.

Members of a family hold vigil in the cemetery of Cucuchucho.

Página/Page 24:

Señoras de Santa Fe de la Laguna se reúnen para honrar la memoria de Felícita Ramírez.

Women of Santa Fe de la Laguna honor the memory of Felicita Ramírez.

Páginas/Pages 26 & 27:

Niños participan en el desfile que se realiza en Tzintzuntzan. Aprenden de esta forma cómo celebrar la tradición.

Children participate in a parade in Tzintzuntzan. This is how they learn to celebrate the tradition.

Página/Page 28:

La Catedral de Morelia iluminada.

The Cathedral of Morelia.

Página/Page 28:

Fuente de las Tarascas, en Morelia.

Fountain of the Tarascan Women in Morelia.

Página/Page 30:

Decoración hecha en el piso con pétalos de *cempasúchitl*, al fondo la estatua de don Miguel Hidalgo y Costilla.

Decoration on the floor made with petals of *cempasuchitl*. In the background is the statue of Miguel Hidalgo and Costilla.

Página/Page 31:

Misa en San Lorenzo.

Mass celebration in San Lorenzo.

Página/Page 33:

Niña con su perro en la Velación de los Angelitos en Janitzio.

A girl with her dog during the Vigil of the Little Angels in Janitzio.

Página/Page 33:

Puerta de la iglesia de San Pedro Zacán.

Door of the church of San Pedro Zacan.

Página/Page 34:

Desfile con las Vírgenes viajeras en San Lorenzo.

Parade in honor of the traveling Virgins in San Lorenzo.

Página/Page 36:

Niña contempla fascinada las calaveritas de azúcar en Pátzcuaro.

A young girl is fascinated with the sugar skulls in Patzcuaro.

Página/Page 38:

Altar monumental en el Palacio Municipal de Morelia.

Monumental altar in the Municipality of Morelia.

Página/Page 39:

Velación en el cementerio de San Lorenzo.

Vigil in the cemetery of San Lorenzo.

Página/Page 40:

Velación en el cementerio de San Lorenzo.

Vigil in the cemetery of San Lorenzo.

Página/Page 42:

Una mujer mayor muestra a los niños como realizar el ritual durante la Velación de los Angelitos en Janitzio.

An older woman shows children how to do the ritual during the Vigil of the Little Angels in Janitzio.

Página/Page 42:

El arco sobre la tumba en San Lorenzo muestra el lugar de descanso de un muerto nuevo.

The arch on a tomb in San Lorenzo shows the resting place of a person who died during the year.

Página/Page 44:

Niños participan en el desfile que se realiza en Tzintzuntzan. Aprenden de esta forma cómo celebrar la tradición.

Children participate in a parade in Tzintzuntzan. This is how they learn to celebrate the tradition.

Página/Page 45:

Niños participan en el desfile que se realiza en Tzintzuntzan. Aprenden de esta forma cómo celebrar la tradición.

Children participate in a parade in Tzintzuntzan. This is how they learn to celebrate the tradition.

Página/Page 47:

Nativa de Huáncito hace guardia al pie de una tumba.

Native of Huancito stands by a tomb.

Página/Page 48:

La dueña de casa recibe la ofrenda y coloca la fruta al pie del altar, en Santa Fe de la Laguna.

The owner of a home receives the offerings of fruits and places them on the altar, in Santa Fe de la Laguna.

Day of the Dead ❧ A Passion for Life

Página/Page 51:

Vista general del cementerio de Zipiajo.

General view of the cemetery of Zipiajo.

Página/Page 52:

Una niña participa en el desfile en Tzintzuntzan.

A girl participates in the parade in Tzintzuntzan.

Página/Page 52:

Vigilia en el cementerio de San Lorenzo.

Vigil in the cemetery of San Lorenzo.

Página/Page 53:

Una joven lleva flores al cementerio de Tzintzuntzan.

A young girl carries flowers to the cemetery of Tzintzuntzan.

Página/Page 53:

Un hombre lleva en carretilla a un niño junto con las flores, en Capula.

A man transports a little boy and flowers together in Capula.

Página/Page 54:

Acercamientos de las ofrendas.

Close up of offerings.

Página/Page 56:

Niños participan en el desfile que se realiza en Tzintzuntzan. Aprenden de esta forma cómo celebrar la tradición.

Children participate in a parade in Tzintzuntzan. This is how they learn to celebrate the tradition.

Página/Page 58:

Un hombre lleva flores compradas en el tianguis de Pátzcuaro.

A man carries flowers bought in the market in Patzcuaro.

Página/Page 61:

Sepulcros decorados con profusión de flores y coronas en Tiríndaro.

Tombs decorated with a lot of flowers and wreaths in Tirindaro.

Página/Page 62:

Anciana muestra a los niños cómo hacer la Vigilia de los Angelitos en Pacanda.

An older woman shows children how to do the Vigil of the Little Angels.

Página/Page 62:

Niña participa en la Velación de los Angelitos en Pacanda.

A girl stands by a tomb in the cemetery of Pacanda during the Vigil of the Little Angels.

Página/Page 63:

Acercamiento de uno de los altares de muerto nuevo en San Pedro Zacán.

Close-up of one of the altars honoring a recently deceased in San Pedro Zacan.

Página/Page 64:

Velación en el cementerio de Ihuatzio.

Vigil in the cemetery of Ihuatzio.

Página/Page 67:

Pan de Muerto en forma de un carro alusivo a la profesión del fallecido en San Pedro Zacán.

Bread of the Dead in the shape of a car representing the trade of the dead person in San Pedro Zacan.

Página/Page 68:

Sepulcro decorado con arco, en Tzintzuntzan.

Tomb decorated with an arch in Tzintzuntzan.

Página/Page 68:

Altar en honor de Manuel Monroy Gómez, en Uruapan.

Altar honoring the memory of Manuel Monroy Gomez in Uruapan.

Página/Page 68:

Arco en el atrio de la iglesia de Santa Fe de la Laguna, en honor del sacerdote José de Jesús Martínez.

Arch in the atrium of the church of Santa Fe de la Laguna, in honor of the priest Jose de Jesus Martinez.

Página/Page 71:

Mercado de flores en Paracho.

Flower market in Paracho.

Día de los Muertos ❀ Pasión por la Vida

195

Day of the Dead ❧ A Passion for Life

Página/Page 104:

El caballito es colocado en una mesa muy cerca del altar.

The little horse stands on a table next to the altar.

Página/Page 107:

Altar con ofrendas en honor de José Oceguera en San Pedro Zacán.

Altar with offerings in honor of the memory of Jose Oceguera in San Pedro Zacan.

Página/Page 108:

Altares en honor de muertos nuevos en San Pedro Zacán.

Altars in honor of two members in San Pedro Zacan.

196

Página/Page 111:

Ancianas cruzan a través de las tumbas adornadas en el cementerio de San Lorenzo.

Older women walk through the cemetery in San Lorenzo.

Página/Page 112:

Huananchas llevan en sus hombros la imagen de una Vírgen viajera, en San Lorenzo.

Young women known as *huananchas* carry the image of a traveling Virgin in San Lorenzo.

Página/Page 114:

Niña participa en la Velación de los Angelitos en la isla de Pacanda.

A girl participates in the Vigil of the Little Angels in the island of Pacanda.

Página/Page 116:

Velación de los Angelitos en Ihuatzio.

Vigil of the Little Angels in Ihuatzio.

Página/Page 117:

Frente a la isla de Janitzio, pescadores levantan sus redes de mariposas.

In front of the island of Janitzio, fishermen raise their butterfly nets.

Páginas/Pages 118:

Una niña se sienta junto a una tumba durante la Velación de los Angelitos en Janitzio.

A girl sits by a tomb during the Vigil of the Little Angels in Janitzio.

Página/Page 120:

Una niña se sienta junto a una tumba durante la Velación de los Angelitos en Janitzio.

A girl sits by a tomb during the Vigil of the Little Angels in Janitzio.

Página/Page 123:

Un niño sostiene una vela junto a la tumba de su hermanito en la isla de Janitzio.

A boy holds a candle by the tomb of his little brother in Janitzio.

Página/Page 125:

Miembros de una familia rezan junto a un arreglo con arco en el cementerio de Pacanda.

Members of a family pray by a tomb during the Vigil of the Little Angels in Pacanda.

Página/Page 126:

Participante en el desfile de niños en Tzintzuntzan.

A little girl participates in the parade in Tzintzuntzan.

Página/Page 128:

Niñas participan en el ritual de la Velación de los Angelitos en Pacanda.

Girls participate in the ritual of the Vigil of the Little Angels in Pacanda.

Página/Page 128:

Niñas participan en el ritual de la Velación de los Angelitos en Pacanda.

Girls participate in the ritual of the Vigil of the Little Angels in Pacanda.

Página/Page 131:

Arco y arreglos sobre una tumba durante la Velación de los Angelitos en Zirahuén.

Arch and decorations on a tomb during the Vigil of the Little Angels in Zirahuen.

Página/Page 132:

Concentrada en su labor, una nativa de Capula decora una tumba.

Concentrated on her labor of love, a woman from Capula decorates a tomb.

Página/Page 135:

Velación en el cementerio de Ihuatzio.

Vigil in the cemetery of Ihuatzio.

Páginas/Pages 136 & 137:

Velación en el cementerio
de Ihuatzio.

Vigil in the cemetery of Ihuatzio.

Página/Page 138:

Velación en Cucuchucho.

Vigil in Cucuchucho.

Página/Page 140:

Velación en Ihuatzio.

Vigil in Ihuatzio.

Página/Page 141:

Amanecer en el cementerio de
Pacanda.

Sunrise in the cemetery of
Pacanda.

Página/Page 142:

Altar y ofrendas de caballitos
en Cuanajo.

Altar and offerings of little horses
in Cuanajo.

Página/Page 145:

Altar con ofrendas en
Santa Fe de la Laguna.

Altar with offerings in
Santa Fe de la Laguna.

Página/Page 146:

Altar y ofrendas de comidas a los
visitantes en Santa Fe de la Laguna.

Altar and offerings of food to the
visitors in Santa Fe de la Laguna.

Página/Page 149:

Pescadores con redes de mariposas,
al fondo la isla de Janitzio al
anochecer.

Fishermen with their butterfly
nets. The island of Janitzio in the
background.

Página/Page 150:

Flores, ofrendas y velas en el
cementerio de Tzintzuntzan.

Flowers, offerings and candles in
the cemetery of Tzintzuntzan.

Página/Page 153:

Velación en el cementerio
de Ihuatzio.

Vigil in the cemetery of Ihuatzio.

Página/Page 154:

Velación en Cucuchucho.

Vigil in Cucuchucho.

Página/Page 157:

Amanecer en el cementerio
de Pacanda.

Sunrise in the cemetery of
Pacanda.

Página/Page 158:

Amanecer en el cementerio
de Pacanda.

Sunrise in the cemetery
of Pacanda.

Página/Page 161:

Velación en el cementerio
de Zirahuén.

Vigil in the cemetery
of Zirahuen.

Página/Page 162:

Velación en el cementerio
de Zirahuén.

Vigil in the cemetery
of Zirahuen.

Página/Page 164:

Una mujer lleva en su espalda
flores al cementerio de Huáncito.

A woman carries on her back
flowers to the cemetery of
Huancito.

Página/Page 165:

Vigilia en el cementerio
de Huáncito

Vigil in the cemetery
of Huancito.

Página/Page 166:

Corona sobre un sepulcro
en Tiríndaro.

Wreath on a tomb in Tirindaro.

197

Day of the Dead 🌸 A Passion for Life

Página/Page 166:

Tumbas decoradas en Zacapu.

Decorated tombs in Zacapu.

Página/Page 166:

Una mujer vela en el cementerio de Tiríndaro.

A woman holds her vigil in the cemetery of Tirindaro.

Página/Page 169:

Arco sobre un sepulcro en Zipiajo.

Arch on a tomb in Zipiajo.

198

Página/Page 169:

Sepulcro decorado en Zipiajo.

Decorated tomb in Zipiajo.

Página/Page 169:

Arco y sepulcro decorado en Zipiajo.

Arch and decorated tomb in Zipiajo.

Página/Page 169:

Sepulcro decorado en Zipiajo.

Decorated tomb in Zipiajo.

Página/Page 170:

Nativa de Zipiajo vela en el cementerio.

A woman does her vigil in the cemetery of Zipiajo.

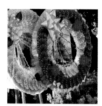

Página/Page 173:

Coronas colocadas en las tumbas de Huáncito.

Wreaths are placed on the tombs in Huancito.

Página/Page 174:

Mujer con flores en el cementerio de Huáncito.

Woman with flowers in the cemetery of Huancito.

Página/Page 177:

Coronas colocadas en las tumbas de Huáncito.

Wreaths are placed on the tombs in Huancito.

Páginas/Pages 178 &179:

Grupo de fotos de calaveritas y dulces de azúcar que se venden en Morelia y Pátzcuaro.

Collage of figures and sugar skulls, that are sold in Morelia and Patzcuaro.

Página/Page 180

Diseños de pan de muerto.

Designs of bread of the dead.

Página/Page 183:

Sirviendo atole.

Serving *atole*.

Página/Page 183:

Moliendo el maíz para las tortillas.

Getting ready to make *tortillas*.

Página/Page 183:

Sirviendo churipo.

Serving *churipo*.

Página/Page 184:

Panadero saca del horno de barro el pan de muerto.

Taking out the bread from the oven.

Página/Page 187:

Preparando atole en Santa Fe de la Laguna.

Preparing atole in Santa Fe de la Laguna.

Páginas/Pages 188 & 189:

Una mujer reza durante el servicio religioso en el cementerio de Zirahuén.

A woman prays during a religious ceremony in the cemetery of Zirahuen.

Glosario ❀ Glossary

Atole: Bebida caliente hecha con harina de maíz y jugo de frutas — A drink made with corn flour and fruit juice.

Aguani: Pan de muerto en forma de conejo que representa al hombre – Bread of the dead in the form of a rabbit, representing man.

Animecha Ke'jtsitakua: Ofrenda de muertos — Offering to the dead.

Animechi Sapicheri: Celebración de los niños — Celebration of the children.

Canacuas: Danza en honor a los dioses prehispánicos — A dance in honor of the pre-Hispanic gods.

Cucurucho: Un cilindro hecho de papel periódico para proteger la llama de la vela — A cylinder made out of newspaper which protects the flame of the candle.

Chapata: Un platillo dulce hecho con harina y azúcar — A sweet pastry made of flour and sugar.

Charales: Pescado pequeño frito — Small deep fried fish.

Chiliquihuites o Tsikiata: Cestos de carrizo — Reed baskets.

Churipo: Sopa hecha con carne y vegetales — A traditional soup made of beef and vegetables.

Chundes: Bandejas de madera — Wood trays.

Encomiendas: Pagos que hacían los indígenas a los representantes de la Corona Española — Payments that the indigenous people use to pay to representatives of the Crown of Spain.

Encomenderos: Personas que estaban a cargo de cobrar los pagos impuestos a los indígenas — Persons in charge of collecting the payments imposed on the indigenous people.

Gorditas: Tortillas pequeñas rellenas con diferente clases de carne y vegetales — Small tortillas filled with different kinds of meats and vegetables.

Guapita: Pan de muerto en forma de muñeca que representa a la mujer — Bread of the dead in the form of a doll, representing woman.

Guaricha: Visión del fallecido — Vision of the deceased.

Huanancha: Mujer joven y soltera — Young single woman.

Huatzari: Un caballito de madera decorado con flores amarillas, frutas y pan — A wooden horse decorated with fruit and bread and covered with small yellow flowers.

Iuritzio o Huatápera: Edificio que tuvo mútiples usos — A building with multiple uses.

Jacal: Casas rústica — Adobe house.

Jimbankua: Día de los Muertos — Day of the Dead, a celebration honoring the dead.

Joskua tsitsiki: Flor de estrella morada — Purple starflower.

Juanindicua: Rebozo — Shawl.

Juriata: Espíritu del sol — Spirit of the sun.

K'etsitakua: Ofrenda para el altar — Offering.

K'etsikarhani o Cempasúchitl o Cempoaxochitl: Flor amarilla, conocida también como Flor de Muerto — A yellow flower, also known as Flower of the Dead.

K'urhunda Uaparhikata o Corunda: Tamal — Tamale.

K'uírakua: Petate — Rush reed.

Kuskahua: Música p'urhepecha — P'urhepecha music.

Mictlán o Warkicho: Lugar de descanso de las almas — A place of rest for the souls.

Nacatamales: Tamales de carne, de queso, de hongos, de flor de calabaza, según el gusto de cada familia — Tamales made of meat, cheese, mushrooms, and pumpkin flower.

Novena: Ritual católico de rezar durante nueve días el Rosario — A nine day Catholic prayer ritual.

Pan de Muerto: Pan con diferentes diseños alusivos a la celebración — Traditional bread made for Day of the Dead.

Parakata tsitsiki: Flor amarilla con manchas café, que por analogía de la naturaleza se parece a una mariposa — Yellow flower with brown spots resembling a butterfly.

Petates: Alfombras pequeñas — Straw mats.

Pirekuas: Canciones — Songs.

Sapichos: Niños — Children.

Seneri: La mazorca que se usa para preparar el mole llamado atapakuacha — Corn on the cob used in a mole called atapakuacha.

Shaninibi: Mazorca — Corn on the cob.

Teruscan: Reunión un juego ritual que hacen los jóvenes — Reunion, a ritual game.

Tianguis: Mercado — Market place.

Tiringui tsitsiki: Flor amarilla, parecida a la estrella iluminada. Estrella dorada del hombre — Yellow flower known as a star or Gold star of man.

Tukuru: Tecolote o lechuza — Owl.

Uirhimukua: Arco con alas — Arch with wings.

Uarhakua: Danza — Dance.

Uchepo: Otra forma de tamal — Another form of tamale.

Yarin: El corazón del pino viejo de la madera de ocote, que se quema en el copal — Ocote wood, the heart of the old pine tree.

199

Michoacán
the soul of México

Where you can live the Mexican traditions
Come and fall in love with Michoacán

200

UNITED STATES

MÉXICO

MICHOACÁN

www.michoacan-travel.com   www.turismomichoacan.gob.mx

Government
of the State
of Michoacán
2002 · 2008

FIPROTUR

MÉXICO
BEYOND YOUR EXPECTATIONS